吉里謙一

にぎわいのデザイン

空間デザイナーの仕事と醍醐味

CONCENT

はじめに

以前、事務所のスタッフに、自分の仕事をどのようにまわりに紹介しているのかを興味本位で聞いたことがある。「インテリアデザイン」か「空間デザイン」か……どちらかを使うのだろうと思っていたのだが、答えの多くは「内装の設計」だった。まちがってはいないが、「デザイン」が含まれないことに愕然とした。みな「デザイナー」とは名乗らないという。まだ一人前ではない気恥ずかしさなのか、仕事内容の説明の難しさなのか。みなにとっても、学生時代からの憧れの職業に就いているはずだと思っていたのだが。

本書で取り上げる「空間デザイン」という仕事には、家具も含めた内装をデザインする「インテリアデザイン」、展示会場やショーウィンドウをデザインする「ディスプレイデザイン」なども含まれる。もともとそれらの領域から派生し、実際に応じて統合したデザイン分野といえる。

「空間デザイン」は、施工と密接に関わるため、当然「設計」は重要な業務内容である。同じく「設計」を必要とする建築や環境デザインに隣接し、包括されている場合もあるが、それらと同じように学問として確立しているとは言い難い。

それゆえに「空間デザイン」は、一見なにを目指して、どう学べばよいものなのかわからないかもしれない。一直線にこの分野を勉強して「空間デザイナー」と名乗るのはじつはかなり難しい。事務所のスタッフが学んできたのも、建築や環境デザインであることが多い。よくよく考えてみれば、そういうことだ。

私自身、学生時代は家具デザインを学んでいた。人間のスケール、身体の仕組みをリサーチし、理想の椅子のデザインを考え、その価値を論理的に語るためのトレーニングを重ねた。思えば、それが自分のデザインの原点であり出発点である。

人びとの営みがおこなわれる、人と人との接点が生まれる場所には、どこでも「空間デザイン」の仕事があると断言できる。外側からではなく、人びとが居る場所、つまり内側からの視点が「空間デザイン」の価値を計るものさしだ。学生時代に取り組んだ椅子のデザインから、自分はこの「内側からの視点」を学んだ。換言すれば、それは利用者の視点を意識し、獲得することでもあったように思う。

日本の建築産業には、その経済規模を発展させるために、建物の内側については施工会社にまかせ、建物の内と外とでデザインを別々に進める分業を推進してきた歴史がある。そのため「空間デザイン」はいくぶん独自の成長と発展を経てしまったのかもしれない。しかし、このデザイン分野がもつ専門性と領域横断性は、今後ますます意味をもつようになると考えている。

社会経済の発展、イノベーションによるあらたな消費の誕生など、現代社会ではこれまでになかったサービス業態がつぎつぎと生まれている。そうした時代にあって、複雑化する施設の開発には、業種の垣根を超えて多くの専門家が集うようになった。そのなかにあって、「空間デザイナー」が果たすであろう役割と責任も大きくなっていると感じている。なぜならそうした施設の開発では、デザインの対象はほかならぬ実物、実体験であるからだ。プロデューサーやディレクターがいくらコンセプトを練りあげ、プロジェクトをリードしても、最終的に利用者たちが訪れ、目にし五感で経験する造形を、責任をもって詳細につくることができるのはやはりデザイナーしかいない。

またそうした施設では、想定する利用者像の範囲も広い。グラフィック、プロダクト、照明、サインなど、利用者が触れるものすべてが、その空間を構成するデザインに含まれる。あらゆる人びとに快適さや居心地のよさを提供しなければならない。それが「空間デザイン」の仕事の難しさであり、また醍醐味でもある。

本書では、私自身の経験を踏まえて「空間デザイン」の具体的な仕事の内容とそこで必要になる考え方を記した。本文では、物事をおおきく進めるために殊のほか熱量が必要となる、クライアントをはじめとするステークホルダーたち、他業種の専門家や現場を支える職人たちとのコミュニケーションについての記述が多くなっていると思う。人と人との関わりこそが、「にぎわい」を生みだすために一番大切にしなければならないと思っているからだ。

本書が、「空間デザイン」という分野についての理解の一助となること、また現在と未来の「空間デザイナー」たちをつなぐ共通知の一部となることを切に願っている。

空間デザイナー　吉里謙一

装画　横山雄
ブックデザイン・記聞　長田年伸

修業時代

〝美しい〟デザインは言葉にできる

美術大学への進学を本格的に考えはじめたのは、高校3年生になってからのことだった。地元の進学校に通っていたのだが、友人たちがいわゆるふつうの大学への進学を決めるなか、とくにやりたいこともないままひとまず大学へ入ることに違和感を覚えていた私は、どうせなら自分の好きなことを勉強する道に進みたいと思っていた。ちょうどインテリア雑誌などを通じて家具に惹かれていた自分は、家具の販売を将来の職業にしたいと考えるようになったのだ。

いろいろと調べてみると、武蔵野美術大学にインテリアデザインコースがあることがわかった。しかし、美大を目指すとなるとあと戻りはできない。就職などについても一般的な道筋から逸れることになるだろう。しかも当時の自分は、絵を描くことに苦手意識はなかったが、美術やデザインは特別な才能のある人がやることで、自分にできることではないと思っていた。そんな人間が美大に進学していいのかどうか。つくり手を目指さない人間が美大に進学したとして、なにができるのか。そういう葛藤のなか最終的にたどりついたのが、家具についてしっかりと学び、それを販売する人間になるという考えだった。

ところが、美大進学を目指すとなったものの進学校には美大を志望する同級生は少なく、美大を受験するためにどういう勉強が必要なのかもわからない。そういうことを調べるところからはじめなければならなかった。地元には美大専門の予備校もなく、学校の美術教師に相談して受験用にレッスンしてくれる教室を紹介してもらい、トレーニングした。

受験勉強に没頭する日々にあって、ふと手にした雑誌『雑貨カタログ』に販売員から家具デザイナーに転身した人の記事が載っていた。そこには彼が描いた三面図も掲載されていた。デザイナーは最初からデザイナーなのだと思っていた自分にとって、この記事はデザイナーとしての将来もあり得るのかもしれないと考えるきっかけになった。

スタートは遅かったがどうにか試験に合格し、いざ美大に入学した自分は、考えていたよりもデザインは特別なものではないことを知ることになる。自分にもそれができる可能性があることを知ったのだ。それを教えてくれたのが、恩師・島崎信先生だった。

島崎先生は1958年にデンマーク王立芸術アカデミーへ留学され、帰国後はたんに北欧デザインの思想だけではなく、それがどのような生活のなかから生まれてきたものなのか、それを支えるのはどのような技術なのかまでを伝えることに専心されてきた方だ。私はそんな島崎先生のゼミに所属して多くのことを教わった。

島崎先生はどこまでもロジカルだった。その場しのぎの感覚的なことはいっさい許さない。たとえばあるデザイナーがデザインした椅子についてプレゼンするなら、そのデザイナーのことはもちろん、当時の社会背景、同時代的なデザインの潮流、デザインされた椅子の材質から形態的な特徴の把握、それを生みだすために使われた技術や工夫といったものを、徹底的にリサーチすることが求められた。「キレイ」や「美しい」を語ることはたんなる印象論で、デザインを語ることにはならない。美的な要素は重要だが、それはデザインのロジカルな結果として宿るものであって、先行して存在するわけではない。つまり〝美しい〟デザインは言葉にできる。それを知れたこと、学べたことは、私にとって計り知れないほど大きなことだった。島崎先生と出会えたことで、自分にも美しいデザインができる、そう思えたのである。

学生の頃はとにかくデザインに没頭していた。図面は1／1の原寸で描き、できる限り多くの素材に触れるように意識し、大学が休みになると地元の木工場で働いて現場で学んだ。とにかくデザインを学びたかった。そのためには手を動かして経験を積むしかない。そのなかで、モノにこだわること、モノから考えることが、自分のデザイン的なスタンスになっていった。

大学の卒業制作のデザイン画。1／1スケールで1枚のなかに上面、側面、正面およびその断面図を描いた

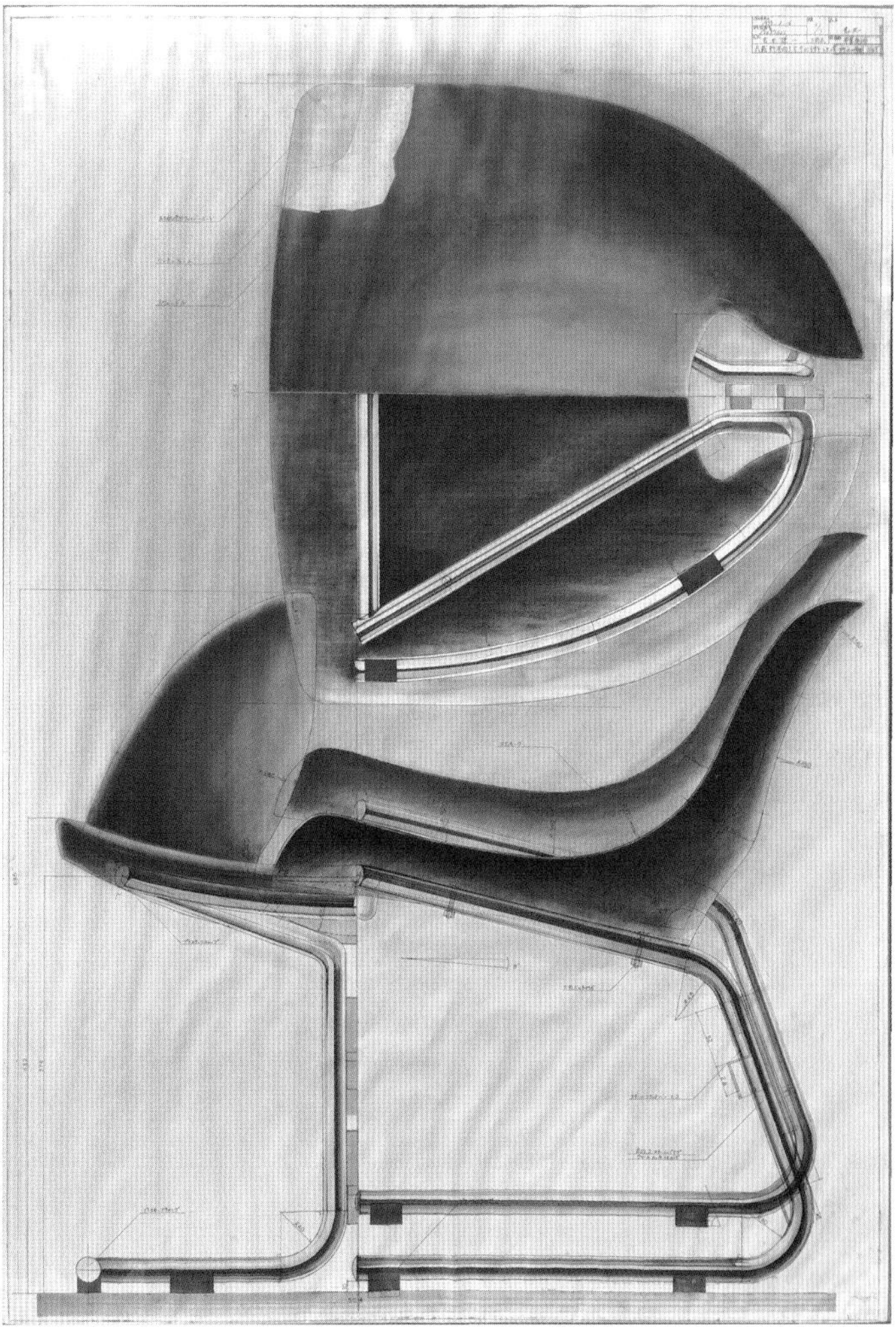

学生時代に制作した木製のイス

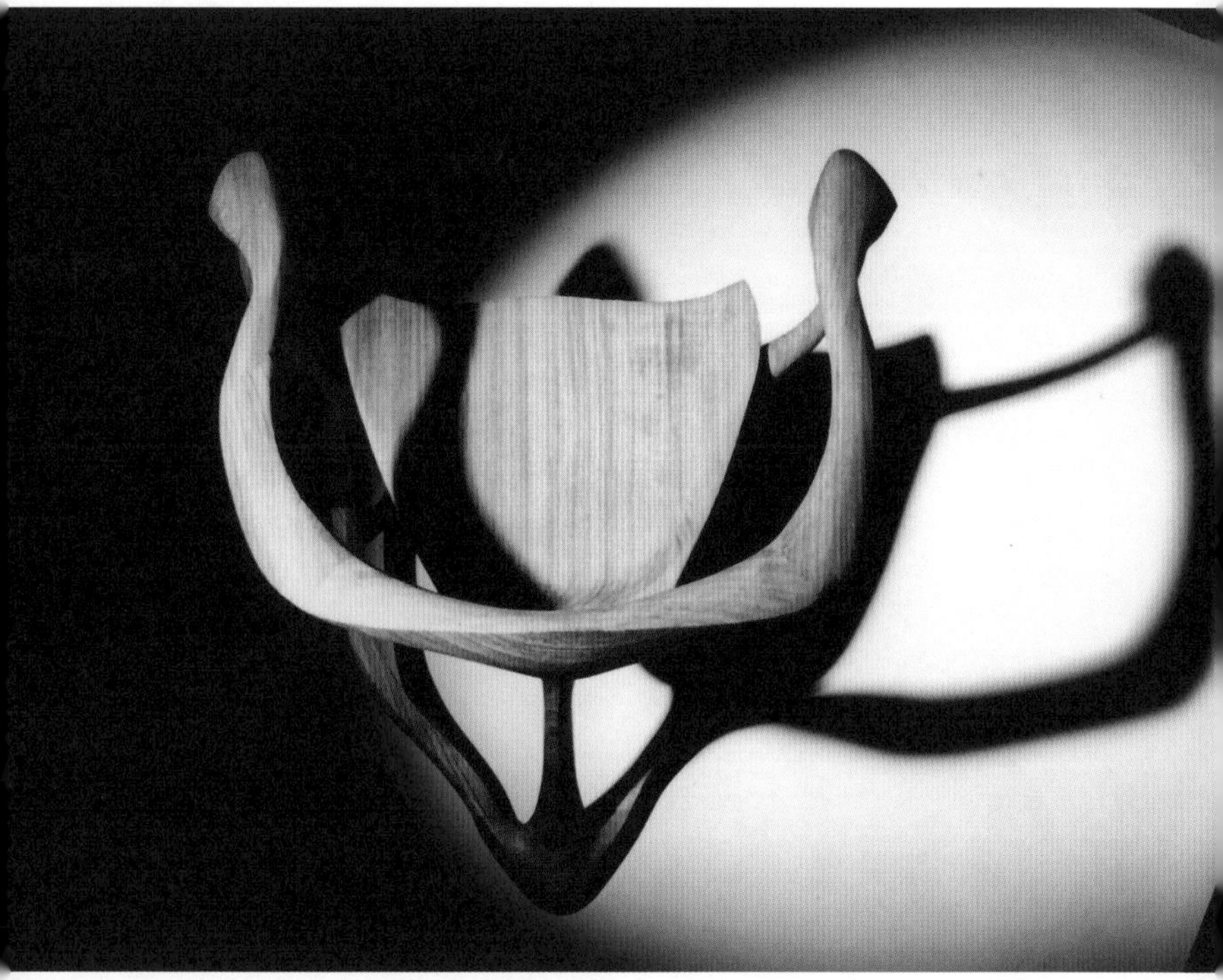

やがて3年になる頃から、自分のつくった家具を配置した先に展開する空間をどう設計するのかに興味が出てきた。手からモノ、モノから空間へと、徐々にデザインする視野が広がっていったのだ。それは興味の移り変わりというよりも、点と点がつながって線になるように、デザインを考えるときに、その対象を個々の独立した要素としてではなく関係性のなかで捉えるようになったのである。関係性のなかでデザインする、そのことに自分の関心は向かった。

そうした変化を経験したことで、卒業後は空間設計をする現場に進もうと決意した。それも商空間。家具のデザインや住宅地空間にも惹かれたし、大学院へ進んでさらにデザインについての研究を深める選択肢もあったが、商空間に的をしぼったのは、そこに「にぎわい」があるからだ。キレイなだけの空間、表層だけの空間をつくろうとは思わなかった。場と人が織りなすにぎわいのある空間をつくりたかった。

もうひとつ、デザイナーとして生きていくのなら覚悟を決めないと、とも思っていた。学生時代に学んだのはデザインの方法だが、同時にデザイナーとして誠実に、真摯に生きていくのなら、自分のあらゆるリソースをつぎ込んで制作することが求められることも知った。職業としてデザイナーを選択する以上は、自分がほんとうに興味のあることを仕事にしなければ、きっと続けていくことはできないだろうし大成することもない。そんなふうに考えていた。

デザインという仕事

学生時代にデザイン制作に没頭した結果、充実したポートフォリオを用意できたことで、就職活動では作品について多くを語ることができた。そのお陰で、将来もっとも必要になるであろうスキルを培うことができると考えていた、国内ディスプレイ業界の大手・丹青社に入社することができた。デザイナーの場合、個人事務所に入りだれかの下についてキャリアをスタートさせることが多い。だが私は就職する前に「どこへ進んでも3年で独立する」と決めていた。だからあらゆるジャンルの商空間をデザインしている大手のほうが実践での経験を積めると考えたのだ。

3年は修行期間、ここで世間に通用するだけの技術と感性を身につけて、できるだけ早く独立する。そう考えたのは、デザイナーとしてやるのなら、いつかは自分の名前で仕事をしたいと思っていたからだ。それが空間であれ家具であれ平面であれ、デザインは人の営みのあり方に作用する。だからこそ、表層的なスタイルを追求するのではなく、物事の本質をつかまえて具体的なかたちを提案しなければならない。そうしたプロセスを経て、人と社会にかかわるのがデザイナーだ。そういう意味で、デザイナーは自分の仕事に責任があるし、その責任ある仕事には人生をかける価値がある。そしてその職能を十全に果たすには、組織に守られた人間としてではなく、一個人としてデザインに向きあわなければならない。自分にとって、それは独立して仕事をすることにつながった。

とはいえ、実際に働いてみるとそんな簡単に独立できるような甘い世界ではなかった。身につけなければならないスキルは数知れず、また現実の仕事ではデザイン以外の要素、たとえばそのプロジェクトにかかわるすべての人とどう関係を築くのか、といったことも影響してくる。仕事を知れば知るほど学ぶことの多さに気づき、またインハウスであってもそこで働くデザイナーの実力がけっして独立系デザイン事務所のデザイナーに劣るものではないことを知り、自分の視野の狭さを痛感させられた。そうした気づきと学びの繰り返しのなかにあって、結局、自分は丹青社に9年間在籍することになる。

だがこの丹青社での日々が、自分を鍛えてくれた。

配属されたのは設計部署だが、設計だけでは空間は生まれない。クライアントと会社をつなぐ営業部署があり、工事の予算や納期を管理する制作部署があり、プランを立てる設計部署がある。学生時代はクライアントや予算のことなどは考えずに、デザインを追求して制作をしていたが、企業活動にそういう自由は許されない。クライアントの要望に応え、限られた予算と厳しい納期という制約のなかで、つねに100%以上の成果を出すことが求められる。またプランを立てるだけではなく、施工現場にも足しげく通い工事状況を監督することも求められる。経済活動としてのスピード感、予算感のなかでデザインすること、それを具体的に実現するためにリアルな現場で人を動かしていくことは、まったく経験したことのないものだった。当然経験が足りておらず、自分にできることには限りがある。先輩にアドバイスを求め、現場では熟練の職人と相談し、試行錯誤を重ねながら、実地でしか学ぶことのできない体験を積み重ねていった。

入社して最初にかかわった大きな仕事は、海洋研究開発機構ジャムステックの展示だった。ジャムステックは「しんかい6500」など日本の海洋に関する調査研究をおこなう機構、その活動を広く知ってもらうことを目的とした展示デザインで、社内コンペで勝ちとった仕事だ。展示会場は大阪科学技術館だった。私のプレゼン案は海の深度を横方向に展開する展示。会場内を歩いていくにしたがって、深さ1000メートル、3000メートル、6000メートルの海域についての調査研究の成果を展示しようと考えた。展示空間には歩行者の導線がかならず存在する。その導線を利用してジャムステックの研究領域である「海の深さ」を表現しようとした。つまり垂直方向の深さを、横方向の移動距離に変換したのだ。ほかのプレゼン案が展示の色や形の表現に重点を置

「しんかい6500」のプレゼンテーションのための展示パース

いたものほとんどだったなか、私は展示の考え方自体をデザインに組み込む提案をしたのである。それが結果評価された。こういう着想をもつことができたのは、学生時代に訓練した論理的なアプローチによるデザインのおかげだ。

ジレンマを抱えた日々

この仕事が評価されたこともあり、その後も電力館の展示や、2005年の愛知万博での展示スペース、アミューズメント施設、モーターショーのような展示会場のデザインなど、幅広い仕事を手がけることになった。

だが、どの仕事にも発見と気づきがあるなかで、同時に企業でデザインすることの難しさも感じていた。企業は大きな組織体だ。営業部、制作部、設計部の各チームが、それぞれの役割をまっとうすることで全体が機能する。チームの連携がうまくいけば、仕事の効果も大きくなる。理論的にはそうなのだが、現実はなかなかうまくいかない。多くのケースで、クライアントの窓口となる営業部、全体的な予算を管理する制作部が主導的な役割を担い、設計部に決定権が委ねられることは少ないのだ。仕事が経済活動である以上、予算という枠組みのなかで活動することは避けられないし、またクライアントに余計な負担をかけないためにも、理想に走りがちなデザイン面をマネージメントする存在は欠かすことができない。しかしマネジメントに偏り過ぎるとデザイン的な創意工夫、チャレンジのために踏みだすべき一歩を踏みだすことが難しくなる。このジレンマはどんな仕事にもついて回る。それを解消するためにチーム間の連携が必要になるのだけれど、組織が大きくなると効率を優先せざるを得ず、どうしても縦割りとしての側面が強まってしまう。

デザインを練るには時間がかかる。実際に手を動かし、現場に足を運ぶなかでアイデアが生まれることも多い。何事も一瞬では決まらないし、時間をかけたほうがいいものを生みだすチャンスが増え、結果としてクライアントの利益にもなる。だが大きな企業では、最初に提出した設計案をあとから変更することは難しい。仮に変更案が通ったとしても、厳しい予算と工期のなかで作業にあたっている現場から突き返されることもある。それが「仕事としてのものづくりの厳しさ」だった。商空間の仕事にかかわるために会社に希望を出し、ようやく商空間の設計を担当することができることになったのは、入社から4年が過ぎようとしていた頃のことだ。

念願叶っていよいよ商空間の設計部門へ移った自分を待っていたのは下積みの日々だった。展示空間の設計経験があったとはいえ、それがそのまま適用できるほど空間設計は簡単ではない。まわりには経験豊富で優秀な先輩も多く、自分の仕事は先輩がヒアリングしてきたクライアントのリクエストから図面を起こし、サインを描くといったものだった。クライアントがなにを大事にし、どのようなことを求めているのか。打ちあわせに出ずに、先輩の指示からそれを読み解きながらデザインをする。それを繰り返すことで、少しずつ商空間の設計がどのようなものなのかを身につけていった。

一方で、とくにクライアントとの対話のなかからデザインの到達点を見出すことが多かった私は、打ちあわせに同席せずにデザインすることに対して、どこかやりきれていないのではないか、もっとふさわしい形があるのではないかという思いを抱いていたことも事実だ。クライアントがどんな表情で、どんなトーンで話していたのか。こちらの提案に対してどのようなリアクションをしたのか。直接顔を合わせることで、言葉以外の多くの情報を得ることができるし、そこから進むべき方向性が見えてくる。上司からいくら説明されても、そうした一次情報がないままでは、デザインの目標に到達できていないのではないか、そんな思いがあった。

もっとも、いまになって振り返ってみると、打ちあわせに同席できないことで、少ない情報からそこに込められた真意を読みとる能力はずいぶん鍛えられたし、そのことによって対話する力も高まったのだが、当時の自分はそんなことに気づくわけもなく、もやもやとした気持ちを抱えながら仕事に明け暮れていた。

そうしたなか転機が訪れる。当時所属していた部の上司のもとに来た仕事の設計を、打ちあわせから担当することになったのだ。新しくできる商業ビルのなかに入ることになった時計店の空間デザイン。上司とともに設計にあたったこの仕事が、私にとってははじめての商空間デザインとなるのだが、そこで得られたものが、いまでも自分の仕事の基礎になっている。

上司はとても厳しい人で、商空間をつくることをゼロからたたき込んでくれた。たとえば打ちあわせ。上司とクライアントのもとへ向かう途中、駅でＩＣカードをチャージしようとしたのだが、上司は待ってくれない。それは「そういうことも準備できていない」というメッセージだった。

図面でも同じで、壁面にレンガ素材を使おうとすると、問われるのは「なぜレンガなのか」と同時に「どうレンガを積むのか」。コンセプトやデザインの方向性をつかんでいても、それを適確に実現できなければ空間デザインは成功しない。そのためには使おうとしている素材の本質を把握し、その適性を発揮させてあげなければならない。レンガを使うのなら、「積むもの」としてつくられているレンガが、実際にどのように積まれているのか、なぜそういう積み方をしなければならないのか、そこまで理解しないと、

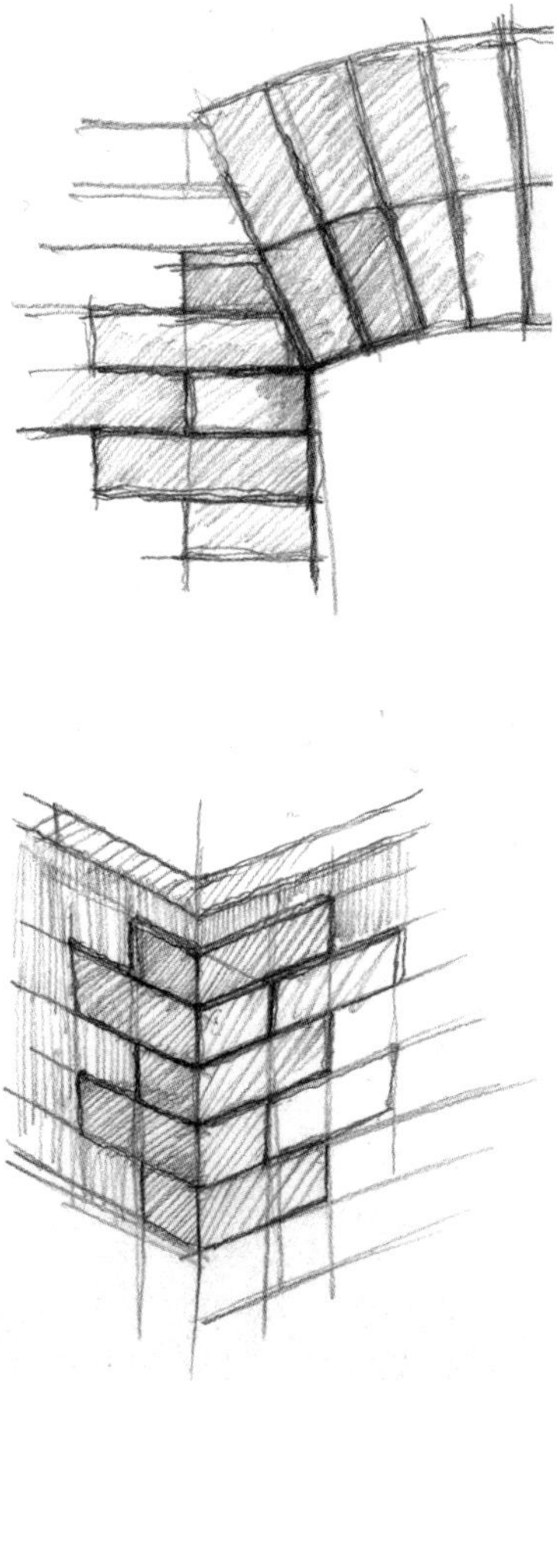

レンガを素材に使うなら、それがどう積まれてきたのか、なぜそうやって積むのかまでを考える

ただ壁面にレンガ素材を貼りつけただけの空間になってしまう。どうすれば「生きた」空間をつくることができるのか、そのために必要なものはなにか。社会に出てある程度の経験を積んだことで無意識のうちに身についてしまっていた考え方を捨て、もう一度イチからデザインを学ぶ必要がある——上司との仕事は、自分をデザインの初心に立ち返らせてくれるものだった。

自分の理想に近づく仕事

丹青社で働いた9年間は、SC（ショッピングセンター）などの出店をはじめ、商環境の変革期にあたる。空間デザインへの社会的な注目が高まり、仕事の需要が急増していったのだ。それまでクライアントと受注者は基本的に一対一関係にあったが、クライアントからの仕事の発注数が増えた結果、ひとつのクライアントのもとに複数の受注者が集まるようになった。

丹青社も例外ではない。担当する物件は異なるが、他社や他事務所、あるいはフリーランスのデザイナーの仕事を横並びで見ることが増えていった。ある意味ではこれは健全なことで、クライアントにとってはベストマッチングな仕事のパートナーを、受注者側としては新規にクライアントを得るチャンスでもある。丹青社という企業のなかでインハウスデザイナーとして設計に従事している私にとっては、フリーランスや個人設計事務所と、デザインで競いあうはじめての機会だった。

結果的に、自分がかかわった多くの仕事で、クライアントに選ばれたのは丹青社だった。もちろん営業や制作の力が大きかったことは間違いないが、クライアントの要望に対して精度の高いデザインで応えることができていたことも少なからずそうした結果に寄与したはずだし、そのことは独立へ向けてのたしかな手応えにもなった。

商空間デザインの実践を重ね、やがて会社の内外で評価されるようになった頃、気がつけば自分がアパレル関連のクライアントを数多く担当するようになっていた。毎日が慌ただしく過ぎていくなかで、けれども仕事をすればするほど、不自由さを感じるようになっていく。どうして不自由さを感じているのか。最初はわからなかったが、やがてそれが「原寸でものを考えられていない」ためだとわかる。

仕事の数が増えれば、それだけ図面を引く時間も増えていく。図面を引くのは基本的にデスクワークだ。パソコンのなかでの作業で、図面が完成すればあとはそれをもとに現場が空間を立ち上げてくれる。そのこと自体は正当なプロセスなのだけれど、そればかりになるとどうしても設計する空間への実感が薄らいできてしまう。プランはあくまでプランに過ぎない。だから図面を引く段階でどれくらい身体的な感覚をもって実際の空間を想像することができるかが、空間デザインをするうえでとても重要な要素になる。

当時の自分は、その実感をもつことが難しくなってきていた。デスクという限られたスペースで仕事を完結しなければならないことに限界を感じていた。パソコンのなかでデザインを終わらせるのではなく、現実のモノを見て、原寸で出力して、それをつなげて考えたい。しかし会社員である以上、社内にそんな場所をもつことは難しい。そうした時間を過ごすうち、いよいよ独立することが、自分のなかで現実味を帯びてきた。その気分をまわりも察していたのかもしれない。幸いなことに、会社に独立したいと申しでたときには、上司も同僚も気持ちよく背中を押してくれた。3年で独立するという計画の3倍近い時間がかかったが、30歳を越えた私は、ついに自分の名前で仕事をする道へと歩みを進めた。

独立するときに決めていたことがある。それは丹青社からクライアントを引き継がないということ。クライアントのなかには「会社とじゃなくて、吉里さんと仕事をしているんだ」という、ほんとうにありがたい言葉をくださる方もいたが、そんな場合でもかならず丹青社に話を通すことにした。自分を独立ができるまでに育ててくれた会社に恩義を感じていたし、裏切るようなことはしたくなかった。なにより自分の力だけでやっていきたかった。なんのうしろ盾もない、裸の空間デザイナーとしてどこまで遠くへいけるのか。いまの自分にどれくらいの能力があるのか。青臭いかもしれないが、だれより私自身が、自分の可能性を試してみたかった。

独立して最初に手がけたのはシューズメーカーの空間設計（221頁）。丹青社時代とは違って、設計に関することだけではなく、クライアントとの契約書の作成から予算管

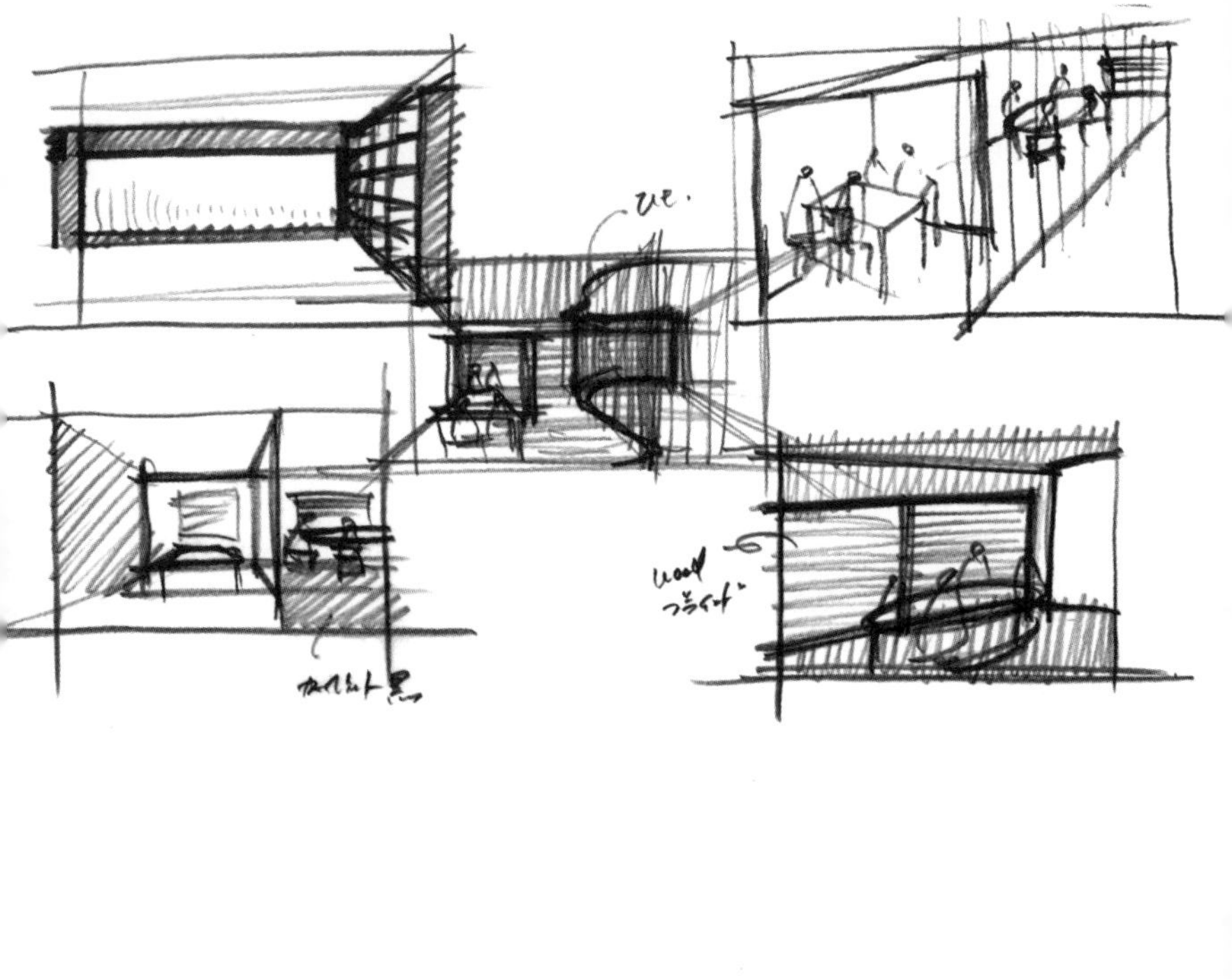

独立後、最初のデザインした空間のためのスケッチ（221頁、タケヤ オフィス）

理、各種現場の手配まで、すべての過程にかかわらなければならない。最初は勝手のわからないことも多く煩雑に思う作業もあったが、いざやってみると自分の性に合っていると思った。

もしかしたら、「デザイン」だけを突き詰めるのなら、企業の設計部門にいたほうが極められるかもしれない。ともすれば煩わしくもなる作業から離れて、純粋にカタチのことだけを考えればいいのだから。でも、私が目指しているのは、場と人が織りなすにぎわいのある空間だ。そのためには、クライアントとの対話の質を高めることはもちろん、空間を実現するまでの行程のすべてを把握し理解して、ベストなものをつくらなければならない。生きた空間は、図面のうえにはない。その空間を生みだすために発生した、モノも人も含めたあらゆる関係性を凝縮、反映し、空間自体が生き生きとした魅力に溢れているからこそ、そこに集う人たちによってにぎわいが生みだされるのだ。

シューズメーカーの仕事を皮切りに、仕事の数は増えていった。会社を辞めるときには最初の１年は自分ひとりで仕事をするつもりでいたのだが、開業１ヶ月後には手伝いをしてくれるアシスタントが参加することになり、半年後にはさらにもう２名のアシスタントが加わった。こうして私も含めて合計４名のチームが出来上がった。屋号「cmyk」はスタッフとの何気ない会話に登場した、すべての色を表現することができる

4原色なのだが、私たちが仕事を進めるうえで大切にしている4つのポイントのイニシャルにもなっている。

「c」はコンセプト。どんなデザインにもかならずコンセプトを入れること。なんとなくカタチにするのではなく、明確な意志と目的と理由をもってデザインする。コンセプトがなければデザインにならない。

「m」はマテリアル。素材を大事にする。そのためにはかならず現物にあたり、素材の質を理解し、空間のなかでそれが担う役割を把握しなければならない。可能な限り、小さなサンプルではなく使用サイズに近い大きさでモノを見ること。頭だけじゃなくて、体を通じて素材を知ることが大切だ。

「y」はイールド。生産性をもって仕事を進める。生産性とはつまりスピードとクオリティのコントロール。デザインの質を上げることはあたりまえだが、質にこだわるあまり仕事を進める速度がおろそかになってしまってはいけない。現在の社会とクライアントが求めているスピード感を、きちんと意識して仕事にあたる。

「k」はナレッジ。徹底的なリサーチで得られた情報をもとに仕事を進めていきたい。クライアントの商業ジャンルのトレンドリサーチはもちろんのこと、周辺環境、当該地域の人口構成といったデータ、店舗で取り扱う商品、業態・業種の歴史まで、あらゆることを調べる。デザインする対象をどれだけ深く理解することができるかが重要。それが理解できないと、本質的な部分に届くデザインを生みだすことは難しい。手を動かすのはそれができてから。

独立から10年以上が過ぎた。立ち上げ時のスタッフは3名とも独立してそれぞれの道を進んでいる。自分の理想に近づく仕事をしていきたい——その思いはいまも変わらない。理想に近づくために、今日も手を動かす。

空間デザインのプロセスⅠ

対話を重ねる

声にならない声がきっとある

デザイナーにはそれぞれ個性と能力があって、クライアントはいつでも、その案件を、もっとも適確に形にしてくれるデザイナーを探している。空間デザイナーとして仕事を得て活動していくためには、自分にしかできないデザインについて意識的にならなければならない。丹青社に勤めているときでも、独立して自分の事務所を構えてからでも、私はデザイナーとしての自分の強みがどこにあるのか、デザイナーとしての自分の個性がどういうものなのかを考えてきた。

デザインは問題解決のための手段だとよくいわれる。クライアントが求める目標を達成するために、現状を分析してどこに問題があるのかを明確にし、それを解消するための形を、デザインを通して与えていくからだ。ただし、デザイナーなのだから、クライアントの提示する条件を踏まえ、最適と思える形を提案することは最低限クリアしなければならないハードルだろう。問題はその先にある。大切なのは、クライアントの要望に対する答えはひとつではないということだ。与えられた課題に対して実現されたデザインが「答え」であることは間違いないけれど、それがそのまま、客観性をともなった唯一絶対の「正解」であるとは、だれにもいうことができない。ある案件に対して、私が提案するデザインと別のデザイナーが提案するデザインは、けっして同じものにはならない。だからクライアントに対してプレゼンテーションをし、自分たちがなにを考えて、どういうプロセスでその案を提示しているのかを説明する必要があるのだ。その結果、採用されるデザインと不採用になるデザインが生まれることになる。このとき、採用／不採用を分けるものはなにか。私はそれは、客観的な正しさではなく、主観的な正しさにどれだけ寄り添えるのか、だと思っている。

主観的な正しさというと、好き勝手にデザインしたものを押しつけているような印象をもつかもしれないが、そういうことではない。それはクライアントの立場になって、クライアントが望んでいることの本質をつかむ、ということだ。

丹青社時代、ようやく打ちあわせに同席させてもらえるようになった頃、上司にいわれたことがある。「クライアントは、途中からお前の顔を見て話をするようになったな」。最初はなんのことを話されているのかピンと来なかったが、冷静になって考えてみると、それは私がクライアントの目線に立って、彼らの要望の一歩先、半歩先を見通しながら対応することができていたからだろう。

打ちあわせに同席させてもらえるようになった自分は、とにかく真剣だった。クライアントのどんな変化も、どんな瞬間も逃さないように、彼らの声に耳を澄ませた。最初は相手の要望を理解することからはじまるのだが、クライアントのことを考えつづけていくと、やがて表面的な言葉のさらに奥に隠されたものに、思いが至るようになっていく。それは、たとえば予算や納期の関係でじつは実現させたいと思っているのに最初から諦めてしまっている方向性だったり、荒唐無稽に思えるかもしれないけれど大切にしたいと考えているコンセプトだったり、あるいは自分でも気づくことができずにいる理想像だったりする。そうしたものを丁寧にすくいあげながら、クライアントと目指すべきゴールを定めていくことで、デザインは多分に主観的でありながら、クライアントにとってたったひとつの「正しい」ものになっていく。

ただ、そうはいっても、「クライアントの立場になる」ことは簡単じゃない。相手の話に耳を傾けるだけでは、深いところで共鳴することは難しい。そのための助けになるのが、徹底したリサーチだ。クライアント自身のこと、業種、業界を取りまく情勢、そのなかにあってクライアントはどのようなポジションにあり、そうした文脈を踏まえて今回の案件はどういう役割をもつのか――基本的な情報からより広範囲な知識まで、調べられる限りのことを調べ、そのうえで相手におもねるのでも、相手を教え諭すのでもなく、ただただその言葉を丁寧に聞きとること。声にならない声が、きっとある。その

デザインに取りかかる前に膨大なリサーチをする。ここで得られる情報がデザインを下支えする

ことを信じて、あらゆる意味で真摯になれたとき、自分はほんとうの意味でクライアントと同じ景色を見ることができるのだと思っている。そしてそうした対話を重るだけの経験を積んできたことが、空間デザイナーとしての自分の、ひとつの強みになっている。

からだを通した経験が必要

デザインがたんなる造形表現ではないことは、学生時代に学んだ。重要なのは形だけのアイデアではなく、その形になるように条件づけた要素の抽出と選択だ。そうした自分のデザインを支える土台を築きあげるには、机の前でパソコンと向きあっているだけではだめで、読書を通じてあたらしい情報を得たり、つねにマテリアルを身近なところに置いて手で触れ質感を知ったりすることが欠かせない。つまりきちんとした実感をともなう生きた知識と思考を蓄積していかなければならない。

とくに空間デザイナーがつくるのは、さまざまな人の営みを包摂する立体的な空間だ。空間が単体で成り立つことはなく、たとえばそれが独立した店舗であるならば、周囲にはほかにどのような建物があるのか、そこにはどのような人びとが訪れるのか、街の特色は、地域住民の構成は――そういうことを知ること抜きに、いきいきとした空間を生みだすことはできない。

だから仕事で出かけるとき、とくに出張するときには、できるだけ時間をつくってその土地を歩き、そこで暮らす人たちと交流するように努めている。どんなに短い時間であっても、全身で体感した経験ほど豊かな情報はないし、生の会話から得られる知見ほど貴重なものはないからだ。

たとえばホテルの客室を設計するとして、採光がキーポイントになったとする。太陽との位置関係から、客室内の明るさを保つために窓枠の位置と大きさを決めるのだが、そのとき、その土地の太陽の光の強さを知っていなければ、ほんとうに最適な空間を設計することはできないだろう。夏場であってもモヤが立ちこめることの多い環境なら、窓枠のサイズは通常より広くてもいいかもしれない。あるいは壁紙や絨毯、クロス類をワントーン明るいものにしてもいいかもしれない。逆に空気が乾燥している土地なら日差しを強く感じるから、日除けとなるような装飾を取りつける方法が有効になるかもしれない。そうしたことを判断するには、本や写真やネットからでは得ることができない、自分のからだを通した経験が必要になる。

人についても同じだ。クライアントはいうにおよばず、デザインした空間を使う人のことを知らないと描くことのできないイメージがある。

先日、京都のある料亭にお邪魔したのだが、お店のつくりやしつらえ、提供される料理にすっかり魅了されて、ここで働いているのはどんな人なのかと、お店の方とすっかり話し込んでしまった。すると、実際に厨房に立ち、料理人と一緒に料理体験をするイベントに誘ってもらえたのだ。これは貴重な体験になった。ふだんとは真逆の、カウンター越しから客席を見る視点に、手元を見せる日本料理の奥深さを感じることができたし、厨房がいかに機能的に、それでいて美的に設計されているかに触れることで、この空間を使う人でなければ見ることのできない景色を体験することができた。

すぐに仕事につながらなくても、こうした経験のくりかえしが、意識的にであれ無意識的にであれ、デザインには着実に反映される。どれだけ実体験をもって設計にあたることができるのか。デザインを頭のなかだけで起きている現象にしないためにも、モニターの外側にある、広い世界でデザインをする。だから、よろこびと驚きをもってさまざまな土地をめぐり、その背景を知ることが大切なのだ。

大事なことは、どんなときも興味をもってその瞬間に立ち会うこと、無為に時を過ごさないこと。デザインには、過ごした時間の全部が反映される。だから考えつづけることが重要になる。考えたつづけた時間は、結果を裏切らない。

空間デザインのプロセスイメージ

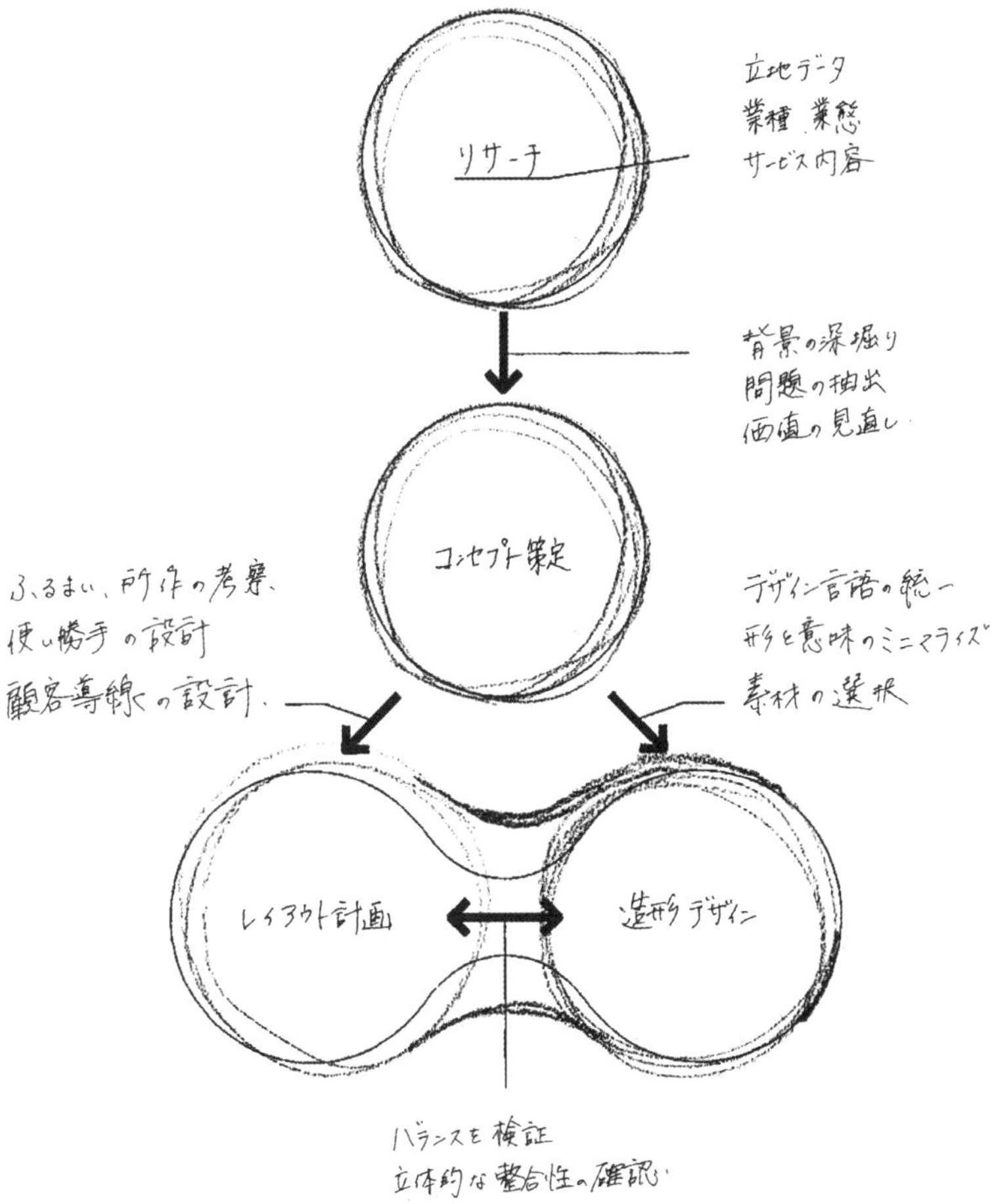

手からはじめるコンセプト策定

デザイナーとしての自分の原点は、学生時代に必死に取りくんだ椅子の制作・デザイン、つまり「ものづくり」にあるのだと思う。ものづくりの出発点は手だ。日常生活のなかで使うモノの質感、重量を、まず自分の手のなかで考える。手は些細な変化も見逃さない。ちょっとしたひっかかりも、わずかなキズも、見た目にはうまく隠すことができたとしても、手で触れればすぐにわかってしまう。逆に手で触れて心地よいものは、見た目に際立った特徴がなかったとしても長く使いつづけたくなる。

空間デザイナーになったいまも、デザインの出発点が手であることは変わっていない。よく考えて丁寧につくられた椅子に触れたときに感じる心地よさ、収まりのよさのような感覚を、自分がデザインした空間に入ることで感じてもらいたい。だから自分が一番信頼できる感覚、手作業からデザインをスタートさせている。

空間デザインは、コンピュータグラフィックスで完成予想図を描くことや、場合によっては模型をつくることもあるが、基本的に最後の最後、実際に完成してみるまでは、その空間がほんとうのところどのようなものとして成立するのかを知ることはできない。

グラフィックソフトの性能がいくらあがっても、VR技術がいくら進歩しても、そこで得られるイメージ体験と現実体験とのあいだには、埋めることのできない溝が存在する。だからこそ、空間デザイナーは、設計プランとして描かれるデザインと自分の身体感覚を同期させることが重要になる。そうしないと、空間はまるで張りぼての箱のような、実感の乏しい、足下のおぼつかないものになってしまう。

　身体感覚の延長線上でデザインをするための方法は、それぞれデザイナーによって異なるし、その手法のちがいがそのままデザイナーの個性につながるのだが、私の場合はスケッチがその手段。どんな仕事でも、とにかく何枚もスケッチを重ねる。自分の身体感覚に忠実に、指先から、手から、まだ見ぬ空間をたぐり寄せていく。

　この作業にはどうしても時間がかかる。最初は雲をつかむようなもので、簡単なラフを描き、それを眺めては線を足したり、引いたり、見切りをつけて描き直したりする。このとき、クライアントの声や、リサーチから得られたさまざまな情報が作業の手がかりとなる。ただやみくもにスケッチを重ねるのではなく、そうした情報を総合して、それを表現するのにもっともふさわしいと思う形を練りあげていく。

　この過程は彫刻のモデリング（塑）に似ている。彫刻をつくる手法にはカーヴィング（彫）とモデリングがあって、石や木などの素材を削って像を生みだすのがカーヴィン

▲スケッチを重ねることで、空間をリアルに感じられるようにたぐり寄せていく

グで、粘土などの可塑性のある素材を用いて、つけ足すことと削ることを繰り返しながら像をつくりあげるのがモデリングだ。このふたつの手法はデザイン思考上大きく異なるが、私の空間デザインへのアプローチは、クライアントの要望を削ぎ落としてその核となる部分の純度を高めるのではなく、彼らの思いをつけ足して形にしていくため、カーヴィングよりもモデリングに近い。

この作業にショートカットはない。もちろん、クライアントとの打ちあわせにインスピレーションを受けて、直感的にデザインを思いつくこともある。でも、そういうデザイン案はあまりいいものにならない。感性のひらめきを否定するつもりはないけれど、大切なことはそのひらめきがどこから生じたものなのか。クライアントとの対話も重ねず、十分なリサーチもせずに思いついたアイデアなのだとしたら、そこにあるのは表面的な新規性だけだ。

空間デザインに求められる、使い勝手のよさ、居心地のよさは、時間をかけることでしか生まれない。数え切れないほどスケッチを重ねるのは、ペンを握った手を通じて、これから立ち上がることになる空間と対話するためだ。私にとってのスケッチとは、手からはじめるデザインコンセプトの策定にほかならない。何枚も描き重ねたスケッチから、空間デザインのぶれない軸が生まれる。

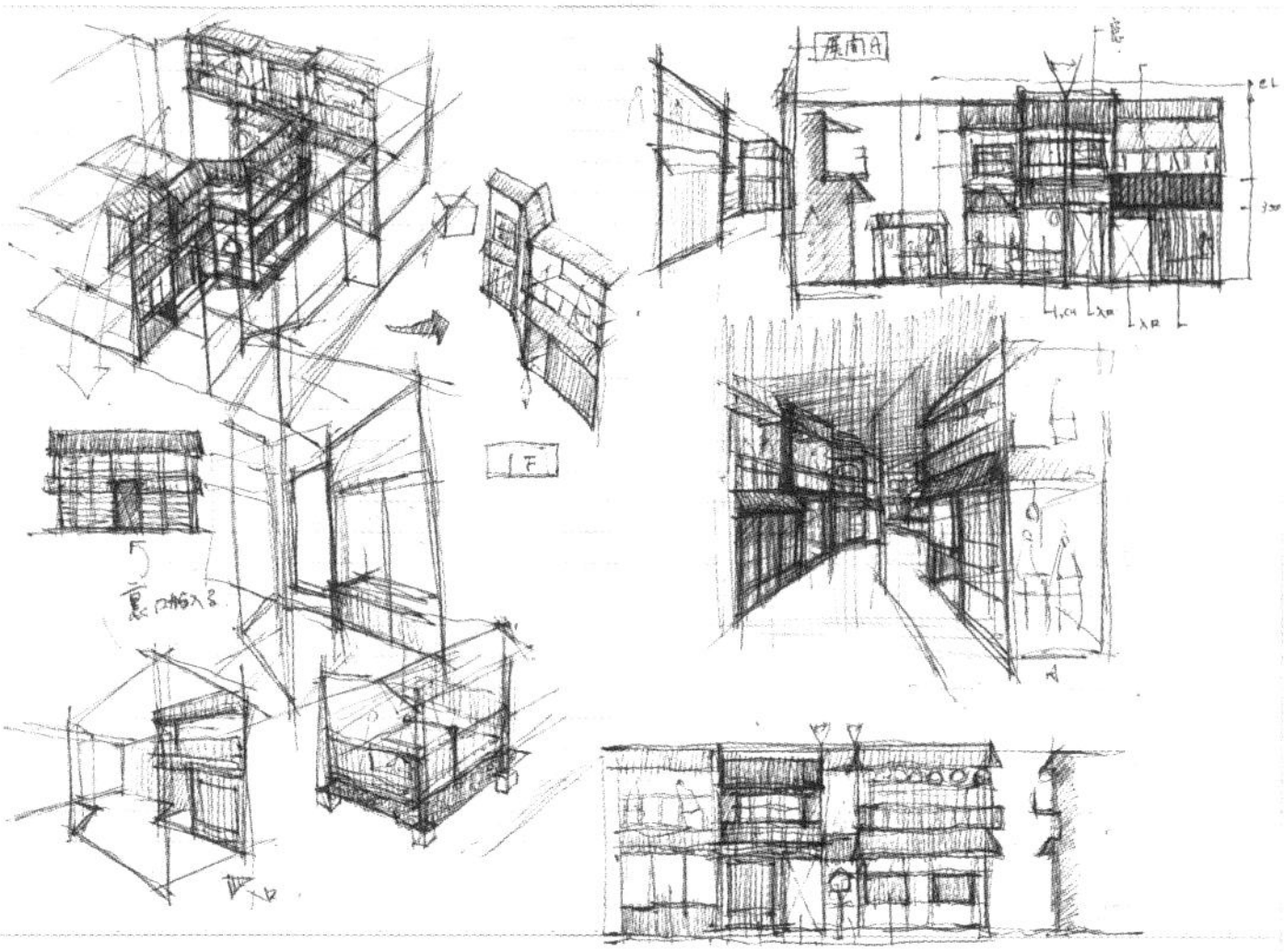

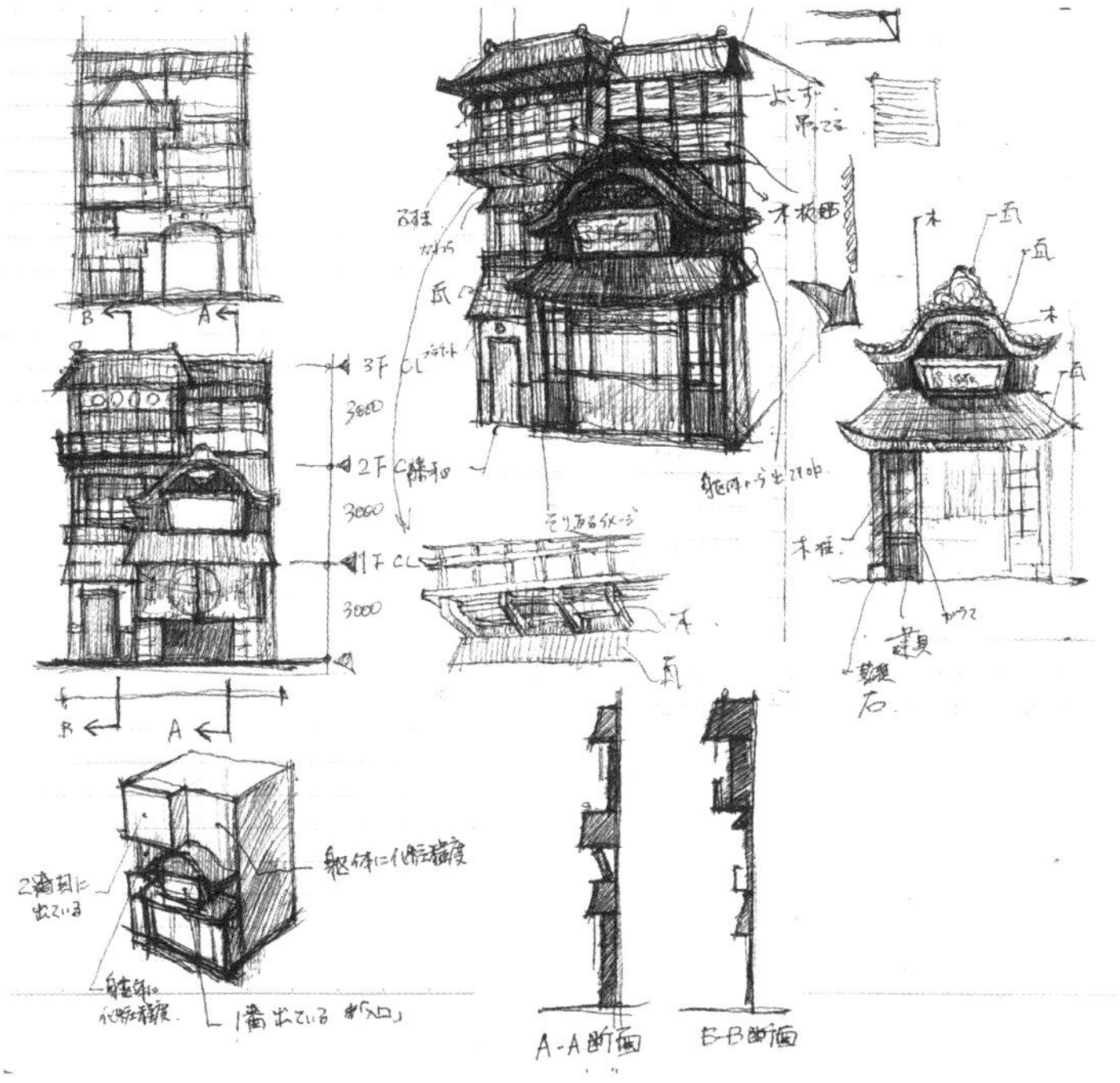
3F CL
3000
2F
3000
1F CL
3000
瓦
木
A-A断面
B-B断面

クライアントと思考を加速させる

丹青社に勤めていた頃、ちょうどクライアントが仕事の発注先を複数化していった時期に、仕事に求められるスピード感がぐっとあがった感覚がある。単純にクライアントとの打ちあわせからデザイン案の提出までの期間が短くなったのだが、発注から納品までの期間が短縮されたというよりは、進行のスピードがあがったのだ。

どういうことか。それまではほとんどの場合、たとえば打ちあわせを数回重ねてからデザイン案の作成に取りかかり、提出するデザインラフも、時間をかけて細部まで調整した完成度の高いものを用意するのが通常だった。ところが仕事に求められるスピードが変わったことで、それまで2度の打ちあわせを経て提出していたデザイン案を1度の打ちあわせで出さなければならなくなったり、ラフに対して求められる質が変化してきたのだ。このスピード感にどう対応するかは、空間デザイナーが解決しなければならない課題だ。

スピードを重視するあまり拙速になっては元も子もない。けれどクライアントの要望を無視して対応を怠ったのでは信頼関係を築くことはできない。デザインの質を落とすことなく、けれど現在求められているスピード感を損なわずに仕事を進めるために、なにをすればいいのか。

私は、ここでも重要になるはクライアントと対話する力だと思っている。デザイン案を提出するまでのヒアリングが限られているのなら、そのぶん事前準備であるリサーチに時間をかける必要がある。調査が十分にできれば、クライアントがなにを望んでいるのかを考えておくことができるし、たった一度のヒアリングでも、得られる成果がちがってくる。

またデザイン案の精度をどこまで高めるのかについても、見切りが必要だ。最初の段階で、細部までこだわった完成度の高いデザインを提出することが最良だが、時間がそれを許さない。ならば、その空間デザインのもっとも核になる部分を伝えるように工夫すればいい。空間設計の現場では、ラフ案はコンピュータグラフィックス（CG）による完成イメージ図として提出されることが圧倒的に多い。スケッチと図面から正確なCG画をつくるのだが、この10年でデザイン・アプリケーションの性能が格段に向上したとはいえ、空間内の要素をすべてCG描写しようとするとどうしても時間がかかってしまう。それならば、部分的にはスケッチが残っている状態でもいいのではないか。肝心なことはその空間のコンセプトであり、それをクライアントと共有することなのだから。

それともうひとつ、私が大切にしてるものがある。それはクライアントを巻き込むことだ。デザインをフィニッシュさせるまでのスピード感があがったのであれば、そのぶん打ちあわせの質をあげて、クライアントとの一体感を高めるのだ。

そのためにも、デザイン案はつくり込みすぎないほうがいい。クライアントと一緒に考える余白があることで、対話は手続き的なものから本質的なものに変わる。胸襟を開いた意見交換から、クライアントも私たちデザイナーも、互いの思考を加速させていく相乗効果を生みだすことにつながる。そうしてともに空間をつくりあげていくことで、クライアントとの信頼関係も深く、つよいものになっていく。

対話の機会が限られているのなら、少ない機会の質を高める努力をすること。デザインプロセスをクライアントと共有することで、あと戻りせずに、プロジェクトを前進させながら対話をさらに深めていくことができる。

プロセスの共有の仕方はさまざまだ。たとえばそれまでに描いたヴィジュアルを時系列で見せることもあれば、文章を用意して言葉で語ることもある。大切なのはどんなときであっても丁寧に話をすること。相手を説得するためにではなく、お互いに納得して物事を進めるために、手段を尽くすこと。自分が進めたい方向へ導くような意図的な話しあいだと、どこかで相手にそれが伝わってしまう。

デザインプロセスをうまく共有することができれば、クライアントと思考を加速させていく、本質的なコミュニケーションが可能になる。スピード感に対応しながらデザインの質を高めていくための、私なりの秘訣だ。

デザインがジャンプする瞬間

クライアントがほんとうに望んでいるものを形にするために、最低でもふたつはデザイン案を用意するようにしている。案が多ければ多いほどいいというわけではないけれど、クライアントが比較検討して選択できるように準備することは、デザイナーに課せられた職務だと思う。どれほどすぐれていたとしても、たったひとつのデザイン案だけを提示して進めてしまったのでは、クライアントのどこかに不安が残ってしまうし、別の可能性もあったのではないかという気持ちを払拭させることはできない。クライアントがこころから満足できなければ、いかに完成度の高い空間が実現できたとしても、ほんとうの意味でいいデザインとはいえない。だれのための、なんのための空間デザインなのか。青臭いと思われるかもしれないが、その空間にかかわる人たち全員を満足させられるような設計を、どんな仕事でも目指している。そのためにも、考えられる可能性はできる限り多く検討しなければならない。

デザイン案をパラレルに進めることは、私なりのメソッドでもある。ふつう、あるデザインを練りあげていくと、それがコンセプトのことなのか、素材のことなのか、色彩のことなのか、とにかくかならずどこかで壁に直面する。その壁を乗り越える方法はさまざまで、たとえばさらに突き詰めて考えてみたり、プランを変更したり、なにか外部にヒントを求めたりするのだが、有効なのは別のデザインに手をつけること。つまり複数のデザイン案をパラレルに進めることだ。行き詰まったときにほかの案に着手することで、全体の作業を止めずに押しあげていくことができるのである。これは仕事において求められるスピード感への対応にも役立つ。

もちろん、どのデザイン案であっても手を抜くことは許されない。だからまず複数のアプローチを立てて、それぞれを形にしようとすることが大切になる。仮に「にぎわいのある空間」という大きな目標があるとして、それを実現するために「そこを訪れる人が活力を得られるように、人と人が触れあう機会をもてるような導線をつくる」というルートからアプローチすることもできるし、あるいは「空間自体が人を呼び込むように、照明や色に暖色系を使い、什器にも目立つ装飾を取りつける」というルートを立てることもできる。同じ桜の木であっても、真下から見あげるのと、遠くから眺めるのとでは、目に映る姿はずいぶん違ったものになる。デザインについても同じだ。実現すべきゴールをきちんと見定めておけば、そこへいたる道筋はどのようにでも描くことができる。

そして複数のデザインを平行して進めていると、不思議なことに、どこかのタイミングでデザインがジャンプする瞬間がかならず訪れる。異なるアプローチを取っていたはずなのに、ある案で考えていたデザインと、別の案で考えていたデザインが、コンセプトからズレずにつながって、視界が一気に開けるのだ。

この瞬間がなんなのかを説明することは難しい。ひらめきといってしまえばそれまでなのだが、それをもたらすのは、感性や才能といった曖昧な要素ではなく、デザインと真剣に向きあい、考えつづけた時間だ。そういう意味では、順当に進んだものよりも、壁にぶつかる局面が多いケースのほうが、デザインがジャンプするチャンスがあるといえる。苦労をしなければならない、ということではない。問われるのは、壁にぶつかったときにデザイナーとしてどう向きあえるかだ。

体勢が崩れながら、それでもどうにか打ち返していかなければならない場面がつづくこともある。複数の案を進めながらも、さまざまな条件から当初描いていた平面プランの姿は見る影もなくなり、最後まで責任をもってデザインができるのかと自問自答しながら、悩みながら、それでも諦めずに、粘り強く、投げださずにやれるのか、どうか。

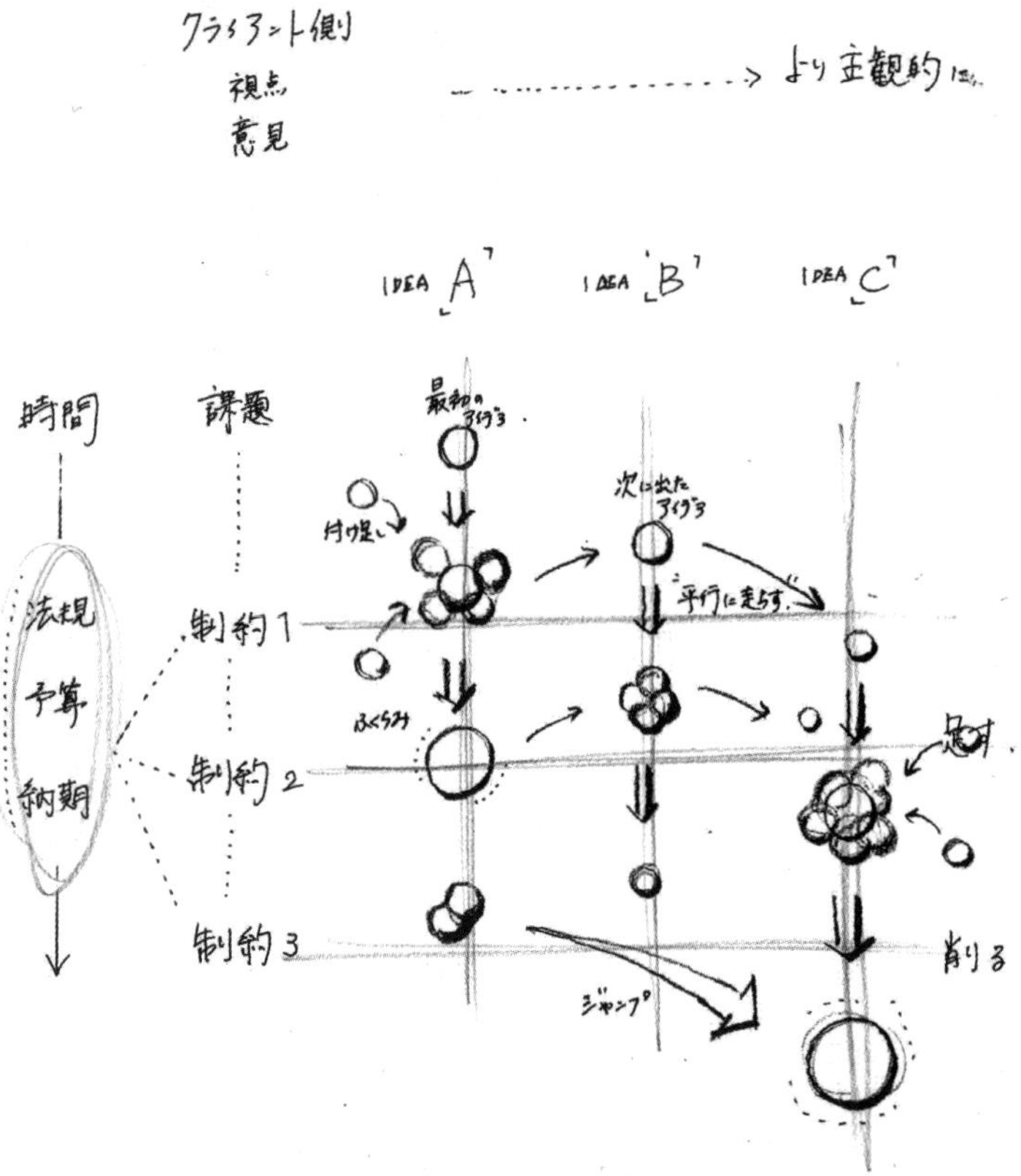
クライアント側
視点
意見
より主観的に
IDEA「A」
IDEA「B」
IDEA「C」
時間
課題
最初のアイデア
付け足し
次に出たアイデア
平行に走らす
法規
予算
納期
制約1
制約2
制約3
ふくらみ
足す
削る
ジャンプ

最後の最後まで考えつづけることを手放さない。愚直で泥臭い時間をどこまでも積み重ねたときにしか、到達できない地点があると、私は信じている。

考え方を分かちあって、はじめてチームになる

モノをつくる、という観点から考えると、最初から最後まで、すべての行程をひとりの人間が担ったほうが、おそらくできあがったモノの完成度を高めることができる。首尾一貫した考えと技術でデザインにあたることができるからだ。

けれど、空間デザインをひとりで実現することはできない。クライアント、現場、空間を利用する人、仕事のはじまりから終わり、そして完成してからも、あらゆるプロセスにかならず自分以外のだれかが存在している。それはノイズではなくて、どんなときであっても、デザインのあるべき姿をともに探り、対話を重ねる他者がいるということなのだと思う。

デザインのためのデザインが重要になることもあるし、そうした探究が、これまでもデザインで表現できることの可能性を広げてきたことは事実だと。たとえば椅子のデザインにしても、機能性や座ったときの快適さを追求する一方で、造形的な美しさを求め、

ただただ美的なデザインにチャレンジした作品もある。ヘリット・リートフェルト(Gerrit Thomas Rietveld　１８８８-１９６４)の「赤と青の椅子」はその代表的な例だろう。

でも、空間デザイナーとして、私は自分がつくる空間は他者のためのものであってほしい。そこに集う人びとからにぎわいが生まれるような、そんな空間であってほしい。

だから、一緒に働いてくれるスタッフには、そういう考え方を身につけてもらいたいと思っている。なにも自分の考えを押しつけたいわけじゃない。私の考えにつねに賛同してほしいわけでもない。仕事をともにしていれば、納得のいかないこともあるだろうし、意見が衝突することもある。それは避けては通れない。重要なことは、そういうシーンで、なんのために意見をたたかわせ、対話をするのか。対話の先になにを見ているのか。造形的な精度、ゆずれない美的観点、それがこだわるべきポイントであることは、デザインを生業にしていればだれもがわかっているし、そこで譲歩してはいけない場面もたしかにある。私が求めるのは、それを譲らないことが、個人的な動機にではなく、自分以外の他者にあることだ。

その点に共感をもってくれさえすれば、たとえデザイン的な趣味趣向は違っていたとしても、同じ目標を目指して歩いていくことができる。

仕事の根幹になにを置くのか、だれを見るのか。つまりだれのための、なんのためのデザインなのか。そこに具体的な他者はいるのか。スタッフにはそのことを、自分に問いかけつづけてほしい。それがスタッフ同士はもちろんのこと、クライアントとのコミュニケーションでも基本になるからだ。

こういうことを明確に意識するようになったのは、事務所の最初のメンバーたちのおかげだ。立ち上げ時のメンバー3人に、自分のデザインスタンスや考え方をはっきり伝えたことはなかったけれど、そういうことをベースにしたコミュニケーションが自然と成り立っていた。彼らと仕事をつづけていくうちに、社内でのデザイン討議の手法、プロジェクトの報告の仕方、成果物をどう共有するかといった方法論が自然と出来あがっていった。基本的にはいまもその方法論は変わっていない。新しいスタッフが加わるたび、彼らと築いたその方法を教えてきたが、それだけではうまくいかないこともままあった。そのとき気づかされたのが、技術や手続きよりも手前にある、デザインについての基本的な考え方を共有することの大切さだ。建物と同じで、まず築かなければならないのは拠って立つべき強固な土台。しっかりとつくられた土台のうえにだからこそ、建物は崩れることなく立ちつづけることができる。スタッフとの関係も、まずは土台づくりから。考え方を分かちあって、はじめてチームになるのだ。

事務所創設時のメンバーだった3人は、それぞれ独立して活躍している。彼らのあともいろんなスタッフが仕事をともにしてくれた。長くつづく人も、短期間で去る人もいるけれど、時間の長さに関係なく、どの人にもひとかどの人物に成長して、自分だけの仕事をしてほしいと思っている。キレイごとではなくそう思うのは、自分が島崎先生や丹青社、それに仕事を通じてこれまでかかわってきた人たちに、育ててもらった実感があるからだ。

空間デザイナーの仕事は簡単ではない。クライアントとの関係を構築するには時間がかかるし、現場とのやり取りにはタフさも求められる。施工がはじまれば連日現場に通い、納期が迫れば昼も夜もないような日々がつづく。ふだんの生活でもデザインについて考えつづけることが求められるし、プライベートな時間も仕事につなげていかなければ腕を磨くことはできない。そのなかで、どう人を育てていけるのか、なにを与えることができるのか。いつからか、スタッフが事務所を去るときにメッセージを贈るようになった。メッセージの内容は、私がこれまでの仕事を通じて考えてきた、空間デザイナーとしての10の信条。内容は具体的な方法論から仕事に臨む態度までさまざまだが、基本的にはスタッフはすでに知っていることである。それをあえて贈るのは、これから独立してやっていくにせよ、ほかの事務所へ移るにせよ、ここで学んだことをきちんと手渡しておきたいからだ。

人が去ることは、それがどんな理由によるものであっても、やはりさびしい。けれど自分がそうだったように、デザインをつづけるからには、いつかその手で、自分にしかできない仕事をしたいと思うもの。だからせめてものはなむけに、空間デザイナーとしての自分の信条を、きちんと言葉にして伝えておきたい。もしかしたら、そこにはさびしさを紛らわせるための、少しばかりのつよがりもあるのかもしれない。

空間デザインのプロセスII

モノで考える

マテリアルから空間が立ち上がってくる

空間デザインの要諦はなにかと問われれば、私はマテリアルと答える。モノの周囲、それが空間だ。ゆえにマテリアルが空間デザインを左右する要になる。

デザインする空間が、居住を目的としたものなのか、一時的な利用を目的としたものなのか、長期間存在するのか、短期間だけ必要なのか、そこで人はどのような活動をするのか、あるいはどのような活動を促したいのか。住居、ホテル、店舗、学習教室、展示会場、商業施設、エンターテインメント施設、さらに住居であっても集合住宅なのか個人住宅なのかなど、細分化すれば切りがないが、そのすべてが「空間」という言葉に含まれる。

当然、空間の質によってデザインに求められる要素は変化するし、空間デザイナーはその変化に柔軟に対応し、適確で適性なデザインを生みださなければならない。そしてそのデザインを実現することで、いま現在の価値観を通じて、その空間がどういう姿であるべきかを考えたり、それまでにない視点からその場にあらたな付加価値をつけるのが、空間デザイナーの仕事といえる。

つねにひとつの案件のみに集中して仕事ができるのなら、案件が終わるたびに頭をリセットしてつぎの仕事に取りかかればいいが、複数のプロジェクトを抱え、平行して作業しなければならないのが現実だ。小さな店舗空間のデザインをしながら、巨大な展示施設の空間設計も手がける。プロジェクト単体で見ても、たとえば1／100スケールの引いた視点と、ものすごく寄った1／1、つまり原寸大スケールの視点を何度も行き来する必要があり、いわゆる「鳥の目」「虫の目」の切り替えはかなり意識的におこなっている。こうしたことは、空間デザイナーに求められる職能のひとつだ。

だが、それが簡単でないことも事実。規模もジャンルも異なるさまざま案件を同時に動かしていると、デザインの軸をどこに置けばいいのかがわからなくなることもある。案件ごとに異なるクライアントの声に耳を傾け、要望を整理し、スケール感のまったくちがう平面プランを何枚もデザインしながら、スケジュール管理、現場の手配しているうち、つい頭でだけ、あるいはデスクの上だけで物事を考えるようになってしまう。

そうなると、デザインから実感が抜け落ちていってしまう。もしもうまくプランが描けたとしても、現場に入ったときにかならず齟齬が起きることになる。なぜならどんなにうまく描けたプランだったとしても、実感がともなっていなければそれは空論に過ぎないからだ。

▶トータルに空間を構成する要素、具体的なマテリアルを検証する

生きた空間は空論からは生まれない。完璧な平面図をもとにしたものであっても、出来あがった空間が美しかったとしても、それは見た目のことでしかない。人に使われ、人に愛され、時間とともに豊になる空間を支えるのは、張りぼての美しさではない。そういうとき、なにを手がかりに空間を設計すればいいのか。私はやはりマテリアルから考えるようにしている。

空間をつくるには床、壁、天井の相互関係を押さえながらバランスを整えることが必要だ。そのためなるべく実際のサイズかそれに近い大きさのマテリアルを使って検証を重ねることが、設計上とても重要になる。そうした検証を経ているかどうかは、空間に一歩でも足を踏み入れればすぐに伝わってきてしまう。

マテリアル、つまり空間に使う素材は、質量をともなった具体物だ。空間のフレームは平面プランからつくられるが、骨格を肉づけ表情を与えるのは、そこに使われるマテリアルだ。その空間の床に、壁に、天井に、どんな材を使いたいのか。その素材は軽いのか、重いのか、色調は明るいのか、暗いのか、テクスチャは平面的なのか、質感があるのか。そうした細かい要素のひとつひとつがかけあわさって、空間を具体的なものに仕上げていく。

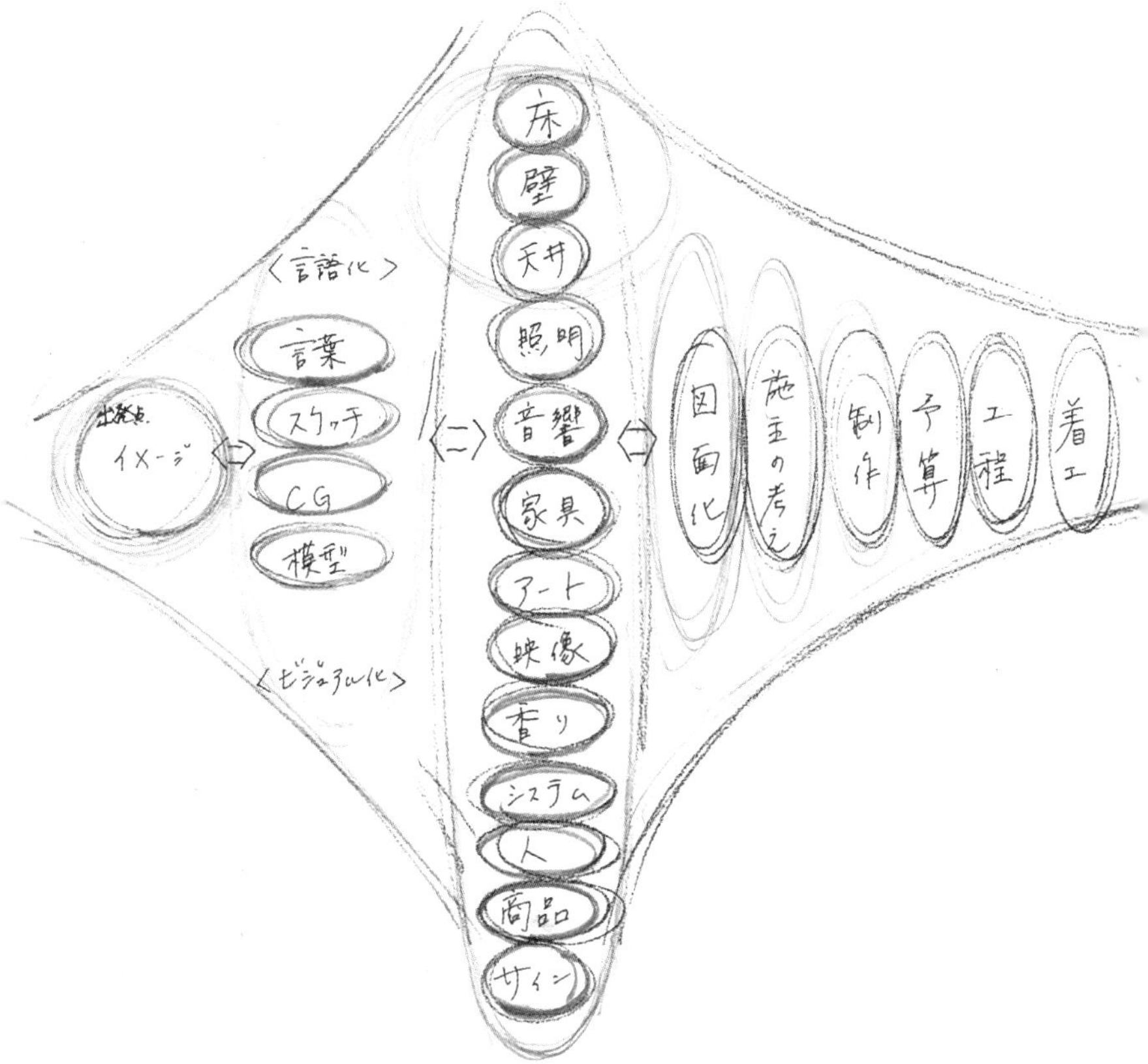
出発点
イメージ
〈言語化〉
言葉
スケッチ
CG
模型
〈ビジュアル化〉
床
壁
天井
照明
音響
家具
アート
映像
香り
システム
人
商品
サイン
図面化
施主の考え
制作
予算
工程
着工

マテリアルに触れ、質感、重量をきちんと感じることで、自分が使おうと思っていたその素材が、考えている設計プランにほんとうにふさわしいのかどうかがわかる。それにマテリアルにきちんと触れていると、マテリアルそのものの材質が備えた特性も理解することができる。たとえば木材であれば、それがスギなのかナラなのかタモなのかサクラなのかで、耐久性、柔軟性がちがってくる。柔らかさのある素材なら加工してシェードにすることもできるし、堅く重い素材なら一枚木のテーブルにするのがいいかもしれない。マテリアルが教えてくれることはほんとうに多い。

そしてなにより、マテリアルから考えることで空間を具体的なものとしてイメージすることができる。具体的に考えるからこそ、実感をともなった空間を生みだすことができるのだ。

だから私はマテリアルから考えるようにしている。どんなときでも、空間を構成する要素から具体的に考えること。プランからではなく、マテリアルから空間が立ち上がってくるのだ。

無理のない空間

丹青社時代であれ、独立してからであれ、これまで仕事でつくってきた空間は、どれも長く使われてほしいと思っている。空間デザイナーであれば、だれもが同じ気持ちをもっているだろう。でも、現実にはなかなかそうはいかない。とくに商空間の場合、店舗空間がどれほどよいものになったとしても、空間の完成度とは関係なく、店舗の売上げや世のなかの景気に否応なく左右され、テコ入れのための改修・改装、ときには閉店となることもある。商空間をデザインする以上これは避けられないことだが、それでもできるだけ長く使われてほしいし、その空間を使う人にも、またそこに足を運ぶ人にも、愛される空間であってほしい。

そんな気持ちをもって仕事をつづけていると、見えてくるものがある。空間を長く使ってもらうには、まずなによりも無理のない空間であることが大切だということだ。この「無理のない」という言葉は「総合的なバランスのよさ」といい換えてもいいだろう。一口にバランスのよさといっても、その内実はじつに多層的で多重的だ。導線などの機能性、長期にわたって使用することを考えたメンテナンス性、人を引きつける工夫を凝らした意匠性、経年劣化に対しての耐久性など、さまざまな角度から見たときにバランスがよく、無理がなく、違和感がない。そこに「ある」ことをだれもが了承してくれる、そんな総合的に調和のとれた空間こそが、長く使われるものになるのかもしれない。

とはいえ、総合的なバランスのよさを追求するあまり、なんの特徴もない空間をつくってしまったのでは本末転倒だ。それがどのような空間で、なにを目的に設計されているのかで、バランスのよさの比率も変化する。要するにバランスのよさといっても、それは平均的であることを意味しない。空間のバランスをどこでとるのか、そのバランスはなんのためのものなのか、それが肝心だ。たとえば宿泊施設の客室であればくつろぎやリラックスが、展示空間であれば来館者の導線をスムースにすることが、バランスのよさのひとつの指標になる。さらにいえば、宿泊施設の客室の場合であっても、洋室と和室とでは宿泊客のくつろぎ方は異なるし、また施設側が強調して提供したいサービス、たとえば部屋出しのお料理、客室備えつけの露天風呂、寝心地を追求したベッドなどによって、バランスのよさが求める内容は変化する。案件ごとに求められるその内容を正確に把握することで、空間としての評価だけでなく、空間への愛着を高めてもらうきっかけになる。

空間が求めるバランスのよさは多種多様千変万化だが、ひとつだけ、どのような空間であっても変わらず求められる要素がある。それは「使い勝手のよさ」だ。

空間デザインでは、クライアントとデザイナーが協働して空間の実現に取りくむ。その先に見ているものは、空間を訪れる人たちだ。空間設計のコンセプトも、基本的にはすべてその点を目指して練りあげられている。完成した空間を訪ねる人が、その場所を気に入り、再び訪れ、また別な人を誘ってくれることで利用者が増えていく。そうした循環を生みだすべく、私たち空間デザイナーはクライアントとのミーティングを重ね、現場に足を運び、空間をよりよいものとして立ち上げる努力をしている。

つまり視線の先にはつねに利用者の存在があるのだが、忘れてはならないのは、その空間で実際に活動する人がいることだ。そこで活動する人にとって、立ち上がった空間は仕事場である。仕事場に求められるのは、ずばり効率のよさだろう。効率のよさ、換言すれば使い勝手のよさこそが、働く人にとっての無理のなさにつながっていく。とくに商空間では、基本的にスタッフが動くのはバックヤードであり、ディスプレイスペースや客席からは見えない限られた空間に、店舗の機能を詰めこむことになる。

もしもその使い勝手が悪ければ、いくら快適なディスプレイスペースを実現できたとしても、陳列された商品の補充や料理のサーブ、お客さまへの対応などで滞りが生じてしまい、空間全体が停滞することになってしまう。だから、空間デザイナーはそこで働く人のことも考えてデザインをする必要があるのだ。

では、使い勝手のいい空間はどうすれば実現できるのだろう。そこで働く人のことも考えて、とはいっても、私たちが実際にその仕事をしているわけではない。だからベースとなるのはヒアリングなのだけれど、それでもわからないことはどうしても残る。そのとき、私が頼りにするのはモノづくりの感覚だ。

学生時代、大きなサイズから小さなサイズのものまで、さまざまな家具をつくった。同時に名作と呼ばれる家具にも可能なかぎりあたり、自分がつくる家具と名作とのちがいについても考えてきた。デザインと素材の検証だけでなく、実物を計測したり、体圧分布を測定するといった科学的アプローチからも分析すると、名作家具には造形面はもとより、素材面においてもかならず時代を更新するようなあたらしい取りくみに挑戦しているなど、さまざまな発見があったのだが、ひとつの重要な要素として、使い勝手のよさの追究があった。とくにデンマークの椅子で名作と呼ばれるものは、どれも決まって使い勝手がいい。収まるべきところに収まり、身体に馴染む。それがデザインによるものなのか、素材選びによるものなのか、あるいは複合的な要素によるものなのかは、一概にはいえないけれど、たしかなのは、使う人のことを徹底的に考え抜いていること。だから自分も、使う人のことを考えられるだけ考えて、空間を設計するようにしている。それは自分の空間デザインがモノづくりの延長線上にあることを意味しているし、その感覚に依拠しているからこそ使い勝手のよさを実現できているように思っている。

狭いスペースのなかで大きな動作をすることなく必要なものにすぐに手が届くこと。

複数人で作業するときにぶつかりあったり、互いが邪魔にならないように、限られたスペースであっても自然な導線を描けるように考え抜いて設計すること。名作家具がそうであるように、収まるべきところに収まり身体にフィットするように、バックヤードをデザインする。

空間の使い勝手がよければ、そこで働く人にはおのずから活気がみなぎってくる。それが空間全体の雰囲気をよくし、結果的にそこを訪れる人たちにもいい影響を与える。使い勝手のよさを考えるから空間が生きてくるのだ。

とてもありがたいことに、自分が設計した店舗は長く使われることが多く、リニューアルの際に、同じクライアントからまた仕事を依頼されるケースがとても多い。モノづくりの延長にある空間――それを意識することが、自分にしかできない空間デザインへとつながっていっている。

つくりこみ過ぎないこと

これまでの経験をつうじて、ひとつ感じていることがある。それは「魅力のある空間には余白がある」ということだ。

空間デザイナーの仕事は空間を設計する。具体的には平面プランを描き、使用する資材を決定し、工事の計画を立て、それを実現すべく施工業者を手配し、工事の現場を監督して、完成した物件をクライアントに引き渡す。このうち、とくに平面プランを描くところにデザイナーの職能がかかわってくる。

平面プランは統合的な設計図だ。空間内に、なにを、どのように配置するかがすべて記されている。デザイナーはクライアントとの打ちあわせを踏まえ、要望を抽出し、プランのなかにそれを実現する見とり図を描く。プランが狂っていたりまちがっているとおおごとだ。なにせ現実にある質量をともなった空間を相手にするのだから、着工後の修正は工期全体にかかわってしまう。だからプランの作成には万全を期さなければならない。プランには完璧が求められる。だが、デザインはどうだろうか。

完成した空間は、さまざまな可能性を検討し、試行錯誤を経たのちに実現している。デザイナーはクライアント、現場の人間とともに、ひとつの最適解としてその空間を立ち上げる。だからデザイナーはそのデザインが完璧なものでありたいと考えデザインするのだが、果たしてデザインに「完璧なもの」などあるのだろうか。

あるデザインは、ほかのありえたかもしれないデザインの可能性を捨てることで成立している。だから完璧に思えるデザインがあったとしても、それはそのように見えるだけで、ほんとうにそれがたったひとつのデザインの可能性なのかどうかは、だれにも証明することができない。

だからといってデザインを追究することを諦めていいわけじゃない。完璧を目指しながら、けれどそれをどこかで手放してデザインしなければならない。ここにデザインすることの、ひとつの難しさがある。

デザインをつくりこみ過ぎると、空間から余白がなくなる。空間内の色数を減らしたり、ミニマムな構成にしたり、あるいはコンセプチュアルに走ったり。ある設計思想を限界まで推し進めた結果、全体が調和し、完璧に統制のとれた空間は、たしかに美しい。美しいが、それはただ空間としてだけ美しいのであって、実際にそこを訪れた人がどう感じるのかは別問題だ。空間が空間としてだけ完璧に完成されたとしても、そこにはパズルのピースが欠けている。そのピースとは、その空間に足を踏み入れる人だ。

設計に細やかさは必要だが、あまりに細かく設計するとデザインの意図が前景化してしまう。前景化した意図は、たとえ明確に示されていなくても、そこを訪れる人の行動を無意識的に規制することになる。そういう空間からはにぎわいは生まれないだろう。

完璧をどこで手放すのか、つくりこみにどこでブレーキをかけるのか。その線引きが難しいのだけれど、私はそれを、空間のどこかに余白をつくることで担保しようとしている。

余白とは、いってみれば空間的な「隙」のようなものだ。きれいに整理され過ぎた空間だと、かえって居心地の悪さを感じることがある。あえてデザインされていない部分を残すことで、利用者は息をつくことができる。とはいえ、闇雲に隙をつくったのではデザインは立ちゆかない。隙をつくるにも、やはり総合的なバランス感覚が重要になる。素材をかけあわせたり、逆に間引いたり、あるいは異素材を加えるなどして空間にリズムをつくる。そのリズムが余白や隙を生じさせるのだ。余白や隙間を空間内にどう導入するかは、そうした質を備えた空間を実際に体験することと、日々の仕事のなかで経験値を積むことでしか身につかないものだ。

空間に余白をつくるために、私が意識してこころがけてることをひとつ紹介しよう。たとえば導線であれば、ルートをひとつに限定するのではなく、分岐点を複数箇所設けてみる。そうすることで、利用者に空間を解釈する余地が生まれる。この余地こそが、まさに空間における余白なのである。

この余白をつくるために、モノとモノとの配置にズレやゆらぎをもちこむ。プラン全体を見ればそろえておいたほうが統一的な部分であっても、空間利用者の動き全体を考慮してあえてそうしない。そうしないことで、空間のなかに余白が生まれてくる。

東京・銀座の森岡書店には「一冊の本を売るための本屋」という理念がある。小さな空間で本にまつわる展示と販売をおこなうため、余計はものはすべて取り払い、余白ににぎわいが生まれるように設計した

空間のなかにつくる余白は、にぎわいを生みだすための要素だ。にぎわいを生むにはつくりこみ過ぎないこと。目的のためにきちんとデザインしながらも、そのなかで人びとに使い方の自由が許されているからこそ生きた空間が生まれ、それがにぎわいをつくりだす契機になるのだ。

原寸でデザインを考える

これまでたくさんの空間をデザインしてきたが、いくら平面プランでイメージを重ねても、現場に通っても、最終的に完成した空間を訪れるとかならずなにかの発見がある。その発見はポジティブなものであることも、ネガティブなものであることもあるのだけれど、そうした発見をするたびに、イメージと実際の空間を一致させることの難しさを感じる。

こうしたズレが発生するのには、空間デザインのスケールが大きいことが関係しているだろう。空間デザインが扱うのは、ほとんどの場合、複数の人間が利用できる広さをもった空間だ。印刷物やプロダクトであれば、原寸サイズのモックアップをつくってスケール感を確認、検証することができる。だが空間の場合、それは物理的に許されない。

プランをベースにパソコンのなかでCGでシミュレーションをするか、縮小模型を用意して検証するしかない。このことが、イメージと実際とのあいだにズレが生まれる要因だろう。

このズレは経験によってある程度埋めることができる。逆にいえば、経験によってしか埋まらない領域の事柄でもある。実際の仕事を積み重ね、経験によるイメージの補正力を身につけるにはどうしても時間がかかる。しかし仕事としてデザインを請け負っている以上、経験が足りていないからといってズレを許容していいわけじゃない。イメージと実際のズレを少なくすることで、デザインにより大きな責任をもつことができ、クライアントの要望にも誠実に答えることができるようになるのだから。

だから、私はなるべく平面プランではなく、原寸でデザインを考えるようにしている。とはいえ、デザインの全体を原寸で実体化できるわけではないので、ポイントとなる部分を原寸で出力し、それを貼りあわせてスケール感を確認するようにしている。扉の大きさ、柱の太さ、窓枠を設置する高さなど。それはたしかに空間の断片に過ぎないかもしれないが、そうした小さな要素が積み重なって空間が生まれるのだ。

だからこそ、作業は広いスペースでやらなければならない。デスクを離れて、自分の体を使って、スケール感を確認していく。誤解をおそれずにいえばそれは面倒な作業だ。

何枚もの出力紙をつなげて扉や壁に貼りつけ、修正のたびにそれを繰り返すのだから。時間も労力もかかる。だがその手間こそが、イメージと実際のズレを補正するための経験になっていく。

素材についても同じだ。使用を検討しているマテリアルはできるだけ現物を取り寄せる。仮にその仕事で採用しなかったとしても、ストックしておけば別の案件のリファレンスとして活用することができる。その積み重ねが素材に対する理解を深め、イメージをよりリアルなものへとしてくれる。

イメージをイメージのままにしないためには、とにかく原寸で、具体的に考えるしかない。平面プランから離れ、小さな部分から実際的な思考を重ねる。その繰り返しが、平面プラン上にリアルな空間をたぐり寄せることにつながっていく。

デザイナーというと華々しいイメージがあるかもしれないが、求められるのは地道で愚直な作業だ。イメージと現実のあいだを行き来し、可能なかぎりの検証をおこない、修正を重ねる。そのサイクルを繰り返していかなければならない。けれど、すべてのプランが1本の線からはじまるように、どんな空間もひとつの素材から生まれる。空間は小さなところから広がっていく。空間デザイナーとしての力をつけるのに、近道はない。

空間におけるマチエールの働きは絶大

デザインの質を高めるものはなんだろうか。いうまでもなく、まず大切なのはコンセプトワークだ。空間であれグラフィックであれプロダクトであれ、コンセプトに対するグランドデザインを練りあげることが、デザイナーの最初の課題になる。

デザインのコンセプトと目的を固め、もっともふさわしいかたちを実現するために、さまざまな角度から考えられるかぎりの可能性を試す。自分のなかで検討を重ね、筋道が見えてアウトラインが描けるようになったら、つぎに事務所の仲間とデザインの妥当性を検証していく。はじめはおぼろげな輪郭でしかなかったものが、やがて明確な外郭をもつようになり、徐々に形が立ち上がってくる。コンセプトの策定から、それを体現する具体的なイメージへと思考と作業を深めていく。これは空間デザイン以外のジャンルでも同じことだと思う。

空間デザインの場合、比較的早い段階でイメージを立ち上げていくことが多い。その際、空間のボリュームとヴィジュアルを検証するためにCGイメージを作成する。CGイメージでは完成された空間を思い描くことができるように、最終的には建材として使われる素材や照明、そこを訪れる人たちといった要素もつけ加えられる。つまりこの段階でマテリアルについても詳細な検討をおこなうことになるわけだ。もっとも、グランドデザインを考えることと、そこで使われる素材を考えることは相即的な関係にあるので、ここからが設計の領域でここからが素材の領域と、明確に分けられるものではない。形から空間を立ち上げていく場合もあれば、素材が先に決まりそこから形を検討していくこともある。コンセプトをよりよく表現するためにアプローチを変えるのであって、素材と設計は循環的な関係にあることを忘れてはいけない。

クライアントへのプレゼンテーションは、このCGイメージと平面プランをもとにおこなうことになる。このふたつの要素を手がかりに、クライアントとデザイナーはデザインの内容を確認し、協議をする。最初の提案がそのまま採用されることはまずない。大なり小なり変更や修正が加えられる。コンセプトレベルからの見直しが迫られる場合もあるし、図面の変更、素材の再検討も当然ある。そうした細かな作業を繰り返し、デザインの精度を高めていくのだ。

このとき重要になるのが素材のもつ「質感」だ。デザインをよりよくするために、プランやCGをつくりこむわけだが、それはあくまで理論やイメージ上のことであって、実際の空間の手前にあるものだ。現場に入り工事がはじまらないと、感じ取れないものがある。それが素材のもつ表情であり、質感が空間に与える影響力だ。

この素材がもつ質感や表情は「マチエール」と呼ばれる。マチエールには材料、材質という意味も含まれており、美術やデザインの分野では、おもに素材がつくりだす美的効果や材質効果を指す。空間デザインにおけるマチエールとは、素材が備える質感と、それがもたらす視覚効果だ。

空間におけるマチエールの働きは絶大だ。デザイン業務に携わる人でなければ、ふつうある空間に足を踏み入れたときに、とくに目につくような意匠を施されていなければ、天井の高さや柱の数、区割り、照明効果、目に見えないかたちで引かれている導線を意識することはないだろう。けれどマチエールはちがう。マチエールが素材の表面にあらわれるものである以上、それは空間を利用する人の目に触れざるを得ないし、空間の印象を決定づけもする。

たとえばあたたかさや親しみを感じさせたいのなら木材を、硬質なクールさ演出したいのなら石材やコンクリートを使うことで、空間の雰囲気を大きく変えることができる。さらに木材といっても、ケヤキ、ヒノキ、スギ、ナラ、アカマツ、ウォルナット、タモ、ローズウッドなど多種多様であり、それぞれに表情もちがえば、硬度や柔軟性といった構造にかかわる性質、経年変化のしかた、素材がもつ香りも異なる。

素材はできるだけ実物にあたること。手触りや光の反射具合などを五感をとおして確認する

さらにマチエールは単体では完結しない。空間を構成するすべての要素とのかけあわせのなかで無数の関係を結び、相互に作用しあう。たとえば室内の明るさのあり方ひとつで、マチエールの見え方も変化する。日中の外光と夕方以降の室内照明とでは、照らしだされるマチエールの表情はちがったものに映る。そうした無数の関数を計算し、マチエールの化学反応を正確に、かつ効果的に読み解くことが、空間デザインのあり方を決定づける。細部へのこだわりこそが、空間の質を高めるのだ。

デザインとして魅力的かどうか

学生時代に学んだのは、デザインが論理的な行為であるということだ。センスや才能を否定するわけではないが、デザインの根幹にあるのはロジカルな筋道であり、対象へのリサーチと知識の獲得は、欠かすことのできない要素である。それなしでは、説得力のあるデザインをつくることはできないし、またデザインをつうじたコミュニケーションを交わすことも難しい。

ただその一方で、論理だけではデザインにならないことも事実だ。いや、形にはなる。問題は出来あがったその形が、デザインとして魅力的かどうかだ。

ロジカルに構成されているからこそ、デザインについて説明することができる。だがそのロジックが厚みのないものだとしたら、デザインはたちまち安直なものになってしまう。そうならないためにも論理を深めなければならないが、なにも複雑な構成にしなければならないわけではない。論理を深めるとは、それ以外の可能性も検討し、自分が選択しようとしているものについての妥当性をたしかめること。その過程で論理自体を変更することもあるし、あるいは選択の正しさを確信することもある。修正の有無にかかわらずそうしたプロセスを経ることで、そのロジックを導いたデザイナー自身の考えが深まるのだ。そうやってデザインを構築することで、その形に内的な必然性が備わっていく。

では感覚的なものは必要ないのかというと、そうではない。センスや才能を否定しないといったのは、それがやはりデザインには欠かすことのできない要素だからだ。まずしっかりとした論理を積みあげ、そこに感覚的な要素を加えることで、そのデザインはだれかと共有可能なものでありながら、ほかのだれでもないそのデザイナーにしか生みだせないものになる。

論理と感覚の相乗効果で、デザインは躍動する。このとき、ふたつの要素は互いを排除しない。逆説的だが、論理を突き詰めると言葉にできないエッセンスのようなものにぶつかり、それが感覚的なもののヒントになる。一見、相反する要素であっても、それを統合する道を探ることが、デザイナーには求められるのだ。

感覚的な要素とは、つまるところ単純に論理化、数値化することのできないもののこと。この感覚的な要素にも、じつにさまざまな位相がある。造形的なものであることもあるし、色彩的なもの、視覚的なものであることもある。もっと広い視点をもつのなら、地域性や民族性、自然観や宗教観といったものも、そこには含まれる。そのどれを、あるいはいくつを加味するのかは個々の仕事によって異なるが、その選択と決断は、デザイナーの個性に委ねられている。なかでも私がつよく意識するのは、「日本的な」空間を実現するものに必要な要素だ。

仕事柄、海外に出張する機会がある。一歩、日本の外へ足を踏みだしてみると、空間をどう捉えるのかは、地域性や住民性によってまったく異なることがわかる。高温多湿な東南アジアでは、建材は通気性の高い木材が用いられるケースが多く、複数世帯がゆるやかなつながりのなかで家族として認識されているため、住宅内の間仕切りも個別性よりは集合性が基軸となる。北欧などの寒冷地にあっては、風雪に耐え、室内の温度を保つために石づくりの建材が選ばれ、またキリスト教的な個人主義の価値観からは、家族であってもプライバシーの確保が重んじられるために、家族の成員それぞれに個室が与えられるのがふつうだ。

いま書いたのはあくまでおおざっぱな図式であって、実際にはコミュニティの成員間の関係や地勢的・地形的条件、自然環境などによって、同じ地域に属していてもグラデーションが存在するのだが、ともかく海外へいくと日本との差が大きいために、空間そのものの見方が拡張されるとともに、あらためて日本の空間構成、機能美を知ることができる。

私なりに日本の空間の特徴を一言で表現するのなら、それはフレキシビリティだろう。伝統的な日本の住空間は襖や障子で区切られていた。襖や障子は可動式の壁だ。外からの視線を防ぎたければ閉じればいいし、風通しをよくしたければ開け放てばいい。さらに取り外すことで空間の広さを変えることもできる。構造自体にも「仮組み」などの甘さ、ゆるさが発生する技法が用いられており、ボルトで完全に固定する西洋建築とはやはり距離がある。フレキシビリティが発揮されているのは素材についても同じだろう。板や畳、漆喰や珪藻土など、目的や特性にあわせて素材を自在に組みあわせることで、柔軟性に富んだ空間を実現している。

木材を使うのも、湿気の多い自然環境に対応することはもちろん、地震や台風などの避けようのない自然災害にたびたび襲われ倒壊を免れない環境条件にあって、ふたたび

その土地、その建物にふさわしい素材を用いることで、空間に必然性が宿る。そのためにも素材の適正を学ぶ必要がある

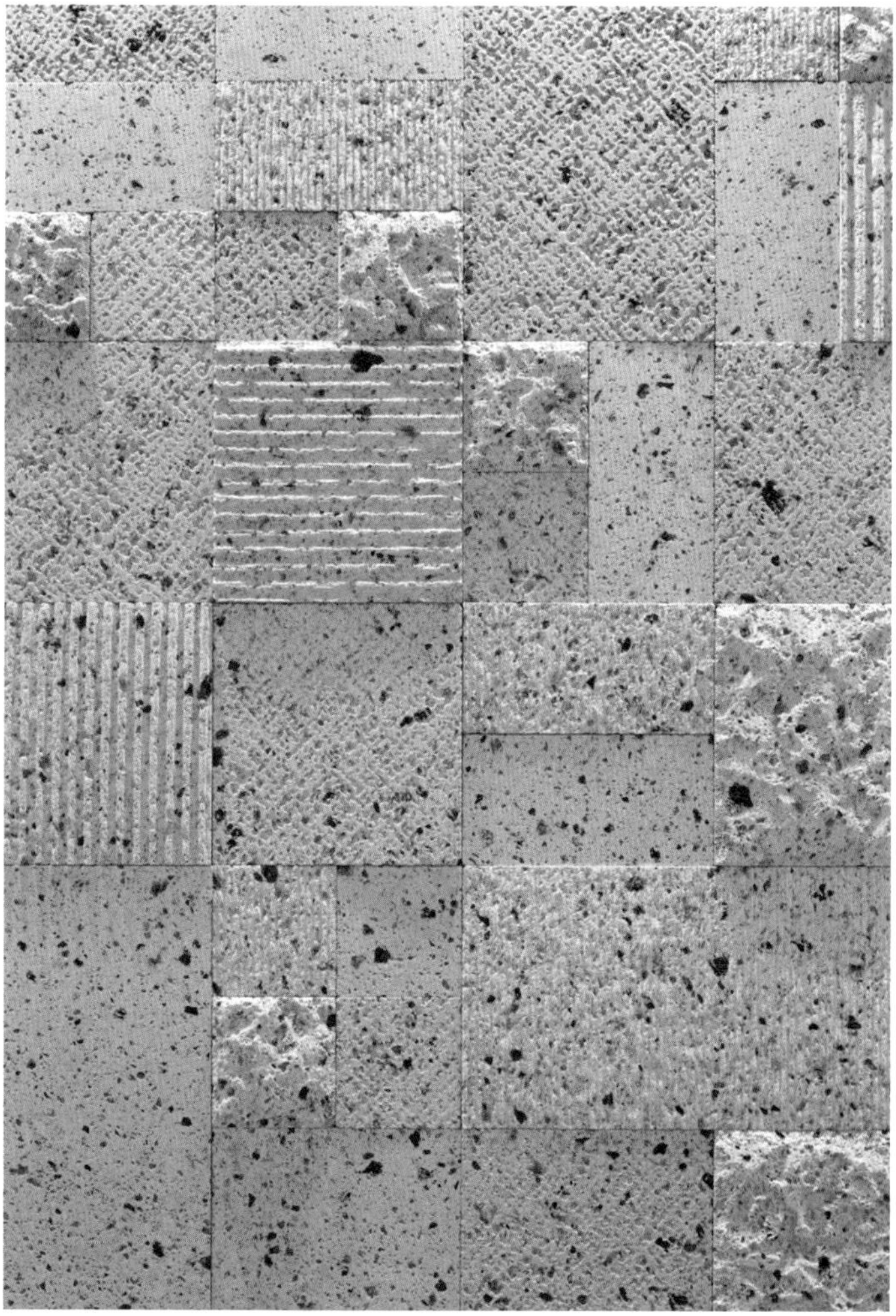

家屋を建てやすくするためだ。住空間を例にとっているが、商空間であっても基本的な考えは変わらない。

　現在ではこうした住宅の数は減り、都市部の空間は近代的であることがほとんど。きちんと間取りを区切り、統一的な素材で室内をしつらえ、鉄筋コンクリートなど強度のある建材で住宅の耐久度を高める。襖や障子を日常的に使う機会も少ないだろう。たしかにそのほうが合理的だし、免震や耐震については現代的な基準をクリアする必要がある。

　だからといって私たちの空間の捉えかたがただちに変わるわけではない。合理的で近代的な空間はたしかに美しくて機能的かもしれないが、そこに居心地のよさを感じることができるかどうかは別の話だ。そういう意味でも、感覚的なものに対しての眼差しをもって、それを取り入れる意識をもつことはとても重要だと思っている。

　伝統を保持しろといいたいわけではないし、土着性や民族性を第一に考えなければならないといいたいわけでもない。経済的合理性に回収することのできない要素がたしかにあって、そうしたものをデザインに反映することが、ひとつのポイントになるといっているのだ。そうした要素は通常あまり意識にのぼってこない。けれどその本質をつかむことは、結局のところ空間デザインの質や、そこを訪れる人たちが感じるであろう快適さの内容にもかかわってくる。

日本的な空間には、数値に還元できないやわらかさとあたたかさがある。それを実現する素材の使いかた、空間の仕切りかたを知ることが、にぎわいの創出にも大きく貢献するのである。

ハンス・ウェグナーから学んだ革新性

私が素材について考え、理解するきっかけをくれたのは、ハンス・ウェグナーだ。学生時代、多くの家具をデザインし数々の名作に触れたが、とくに惹きつけられたのがウェグナーの仕事だった。

ハンス・ウェグナー（Hans Jørgensen Wegner　１９１４-２００７）はデンマーク生まれの家具デザイナー。生涯をかけて５００を超える椅子のデザインをしたことで知られている。ウェグナーのすごさは、手がけた椅子の数もさることながら、そのデザインの革新性にある。それまでたんに腰かけるための道具としてしか考えられていなかった椅子を、ウェグナーは座り心地を追究するだけでなく、フォルムの美しさにも配慮し、両者を高い次元で結びつけた。機能美という言葉では片づけられないほどに完成されたデザインは、いつ見てもため息が出るほどだ。

中国の明朝時代の椅子に影響を受けとされ、背もたれから肘かけを1本のゆるやかな曲線で表現した「チャイニーズチェアシリーズ」、3つのパーツからなるアームと背を、釘を使わずに指型の楔でシームレスにつなぐことで、美しい曲がり木のラインを実現した「ザ・チェア」、背もたれがハンガーに、座面がスラックスかけと小物入れにもなる多機能性を、ユニークな造形で表現した「ヴァレット・チェア」。

なかでも名作中の名作と呼ばれるのが、1949年にデザインした「Yチェア」だ。チャイニーズチェアシリーズの最後の椅子としてデザインされたYチェアは、1950年にカール・ハンセン&サン社から販売されると世界的なベストセラーとなった。

Yチェアのすばらしさは語り尽くすことができない。彫刻作品のように完成されたフォルムが見せるプロポーションの美しさ、120メートルものペーパーコードを加工した座面がもたらす腰かけたときの安定感と耐久性、ひとつひとつを丁寧にスチーム加工した曲がり木がもたらすゆったりとしたくつろぎなどなど、100以上の手作業を経て生みだされたこの椅子のデザインは、誕生から半世紀以上が過ぎた現在も、少しも色あせるところがない。いまでもたくさんの人が買い求める大ヒット商品だ。

ウェグナーの椅子を見ていると、つくづく思うことがある。それは、この人は木とい

事務所の椅子にはウェグナーとボーエ・モーエンセンがデザインしたものを使っている。いまでも学ぶところが多い

う素材をだれよりも深く理解しているということだ。

彼はとことん木にこだわった。北欧の冬は長く厳しい。日照時間も短く、人びとは多くの時間を室内で過ごすことになる。だからこそ、室内空間の設計はもちろんのこと、そこにどのような家具を置くかが、生活のありかたを左右する重要なファクターとなる。閉ざされた空間にどれくらい有機的な要素をもちこめるのか。椅子はだれもが日常的に使い手に触れるものだ。それがいいものであれば、どれくらいの人を幸せにすることができるだろう。

ウェグナーは17歳で木工職人のマイスターの資格を取得している。その後、家具デザイナーとして名を成していったわけだが、それを支えたのは木工職人としての知識と経験だった。

ドイツなど北ヨーロッパでは、技術をもつ製造業に対し、「マイスター制度」あるいは「ギルド」と呼ばれる職業能力認定制度が現在も続いている。これは陶器、織物、木工、金工をはじめ、専門技術を必要とするあらゆる分野でその技術水準を保護継承していくためのもので、マイスター資格を保持していないと新規開業することができないなどの制限が設けられていた。

こうした規制は近代化にともない徐々に緩和されていくのだが、一流の家具デザイナー、たとえばボーエ・モーエンセン（Børge Mogensen　1914-72）もポール・ケアホルム（Poul Kjærholm　1929-80）も、家具職人としての経験を経てから美術学校に通い広く建築まで学ぶという、日本とは逆のコースを取っている。そこにあるのはモノづくりを理解してのデザインという思想だ。よいデザイナーになるにはよい職人と共同作業をする必要があると、ウェグナーはいう。モノづくりの知識をもちデザインをする流れがとても理に適っているように学生時代から感じていた。

これだけの名作を残したにもかかわらず、ウェグナーは新しい依頼に対して先行したイメージをもってデザインをすることはほとんどなかったという。彼は依頼を受けた工場の性格や技術、依頼の内容といった条件を十分に理解し考えて、それに適したデザインのなかに自分のキャラクターをどのようにして保っていくかを探った。そういう姿勢にも共感する。

きっとウェグナーには、スケッチを書きはじめた瞬間、木材に触れた瞬間に、つくりたい形、あの美しい曲線が見えていたのだと思う。理想的なイメージから、それを支える機能や、製造側の特徴を生かしたデザインへと、無駄をそぎ落としていったのではないだろうか。そうした相方向にデザインを重ねていく手段も、ウェグナーに惹かれる理由だ。

心がけているのは感情の抑揚をつくること

プロとして仕事をする以上、空間デザイナーに課せられているのはただの空間をつくることではない。ほかにはない空間、そこに足を運ぶことが特別な体験につながる空間を実現しなければならない。そのためにコンセプトを策定し、それにもとづいてさまざまな工夫を考える。その工夫は意匠として現れることも、緻密なゾーニングとして現れることも、独創的な照明として現れることもある。コンセプトに忠実に、かつそれをより効果的に空間として立ち上げるための方法はいろいろで、どういった手段を用いるのかは個々のケース次第だが、どのような案件であっても、自分が心がけていることがある。それは感情の抑揚をつくることだ。

驚きは予想を裏切るからもたらされる。裏切り、というと語弊があるが、もちろん悪い意味での裏切りのことじゃない。空間に入ったときに、外観からでは想像もつかない印象を与えることで感動をもたらす。そうした工夫のことだ。

これには私なりのいくつかの手法がある。そのひとつが天井にレベル差を設けることだ。あたりまえのことだが、空間には限りがある。つまり空間デザインにはかならず物理的な制限があるということだ。日本の場合、とくに都市部の商空間では、この制限が厳しいケースが少なくない。狭く、限られた空間のなかに必要な要素をすべて配置しようとすると、つい陣取り合戦になってしまい、空間をうまく活用することが難しくなってしまう。そうしたとき、空間に奥行きと広がりをもたらせるために、天井にレベル差をつけるのだ。

レベル差といっても、大胆なものじゃなくていい。たった5センチ、そのわずかな差が空間が与える印象を大きく変えてくれる。それくらい人間の感覚認識は高度なものなのである。触らなくても厚みを感じ、見えなくても奥行きを感じることができる。空間をつくるうえで、天井部に奥行きをもたせることは、空間の内側にあらたな空間をつくることを意味している。私たちは見えていないと思うものも見えていて、気づいていないと思うものも気づいている。ただそれが意識の範囲にのぼっていないだけなのだ。意識していないだけで感じとっているもの、それを活用することが、驚きをつくることにつながっていく。

ミラーを使うこともそうした手法のひとつ。ミラーは視覚的な仕かけとしての使い勝手に優れている。壁面に利用することで空間の広がりを演出できるし、天井に貼ってギミック的に活用することも、ディスプレイと絡めることで装飾的に用いることもできる。

また広過ぎる空間にあっては、あえて床や壁を映り込ませることで空間の広がりをおさえて、空間をコンパクトに見せることも可能だ。ただし、使い勝手がいいからこそ乱用は禁物で、多用し過ぎると空間が抱えている問題点をごまかすために設置しているような印象を与えかねない。ミラーを使うのはあくまで空間のなかに驚きや発見、気づきの小さなきっかけをもたらすためであって、設計の拙さや、空間デザインの条件を隠すためではない。

もうひとつ、色についても私なりのメソッドがある。それは黒を使うこと。

空間デザインにおいて、色は素材と並ぶ重要な要素だ。色はイメージと密接に結びついている。暖色や明るい色調がポジティブな印象を、寒色や暗い色調がネガティブな印象を与えるといった全体的な傾向があるだけでなく、特定の色が特定の意味と関連づけられて理解されることも多々ある。たとえばトイレのシンボルマークに赤が使われていれば女性用、青や黒が使われていれば男性用のそれであることが、文字情報なしで直感的に理解できるのも、色とイメージのひもづけがあればこそだ。もっとも、これはローカルルールであることも忘れてはならず、赤が女性用、青・黒が男性用なのはそれがコードとして通用する場所に限られるのだが、それはさておき、色が心理的印象や意味理解に作用していることは事実だ。

ミラーを使うことで空間に驚きと奥行きを与えることができる。自分なりのメソッドだ（店舗写真：WA mignon）

そのなかで黒を使うのは、空間の印象を引き締めることができるから。黒はもっともつよい色である。黒はほかの色に干渉されない。そのため黒を使うとそこにコントラストをつけやすくなる。黒を使うことで周囲の色との関係にコントラストが生まれ、空間全体が緊張感をもつ。つまり空間が締まるのだ。

もちろん、ただたんに黒を使えばいいというわけじゃない。つよい色であるため、空間全体のトーンとの相互作用を考慮する必要があるし、効果的に使わないと、むしろちぐはぐな印象を与える結果にもなりかねない。黒はそのつよさゆえに、使っていることが意識されないほどさりげなく、適確に使うことが求められる。

こうした手法は、空間デザイナーとしての経験から導きだしてきたデザインテクニックの一例だ。平面プランがどんなにうまく描けても、それだけでは実際の空間は魅力のあるものにはならない。平面プランはデザイン的に完成されたものであることが望ましいが、たとえプランに多少整っていないところがあったとしても、素材と色の関係性が適確だったり、肝心なところできちんと考えた意匠が施されているほうが、空間に入ったときの驚きや感動を生むことにつながる。

ただ、テクニックはあくまでテクニックであり、それにおぼれてはならないことは肝に銘じておく必要がある。コンセプトとデザインをうまく関連させられていないことや、設計上の問題点を解決できていないこと、デザインの細部にまで手がいき届いていないことなどを覆い隠すためにこうしたテクニックを使ったのでは意味がない。テクニックはあくまでテクニック。目的とするデザインをより高い次元で達成するために効果的に使うべきだろう。

そしてけっして忘れてはいけないことがある。それはほんとうの意味で空間を完成させるのは、そこを訪れる人びとだということ。あらゆる可能性を考えて、検討できるかぎりの選択肢を精査し、連日現場に通い、予想以上の仕上がりが実現できたとしても、その空間でなにをどう感じるのかを、空間デザイナーはコントロールすることができない。つまり最後のところで空間を手放さなければならないのだ。

だからといってデザイナーが無力なわけでも、デザインに意味がないわけでもない。人びとがなにをどう感じるのかは自由だからこそ、デザイナーは全身全霊で仕事にとりかかるのだ。努力をしても最良の結果が得られるとはかぎらないが、努力をしなければ最良の結果が得られることはない。

にぎわいのある空間を生みだすための最後のピースは人だ。そのピースが空間と有機的につながるように、私はスケッチを重ね、デザインを考え、クライアントの声に耳を傾け、現場に通う。

にぎわいを生みだす

事例1
鉄道高架下再開発の先駆けモデル「2k540」

商業施設

足されていたものを引いていく

ジェイアール東日本都市開発（JRTK）の依頼で空間をデザインしたのが、東京・秋葉原から御徒町にかけてのエリアにある「2k540 AKI-OKA ARTISAN」だ。2010年12月に完成したこの施設は、高架下を再開発して活性化させた事例として評価され、その後につづく万世橋や中目黒など、高架下再開発の先駆けとなった。独立してそれほど時間が経っていない時期にこの仕事にかかわることができたことは、自分にとって貴重な経験になったし、空間をデザインするときに大切にしている「にぎわい」や「関係性」について、あらためて考えるきっかけにもなった。

開発におけるスケジュールを図化した資料

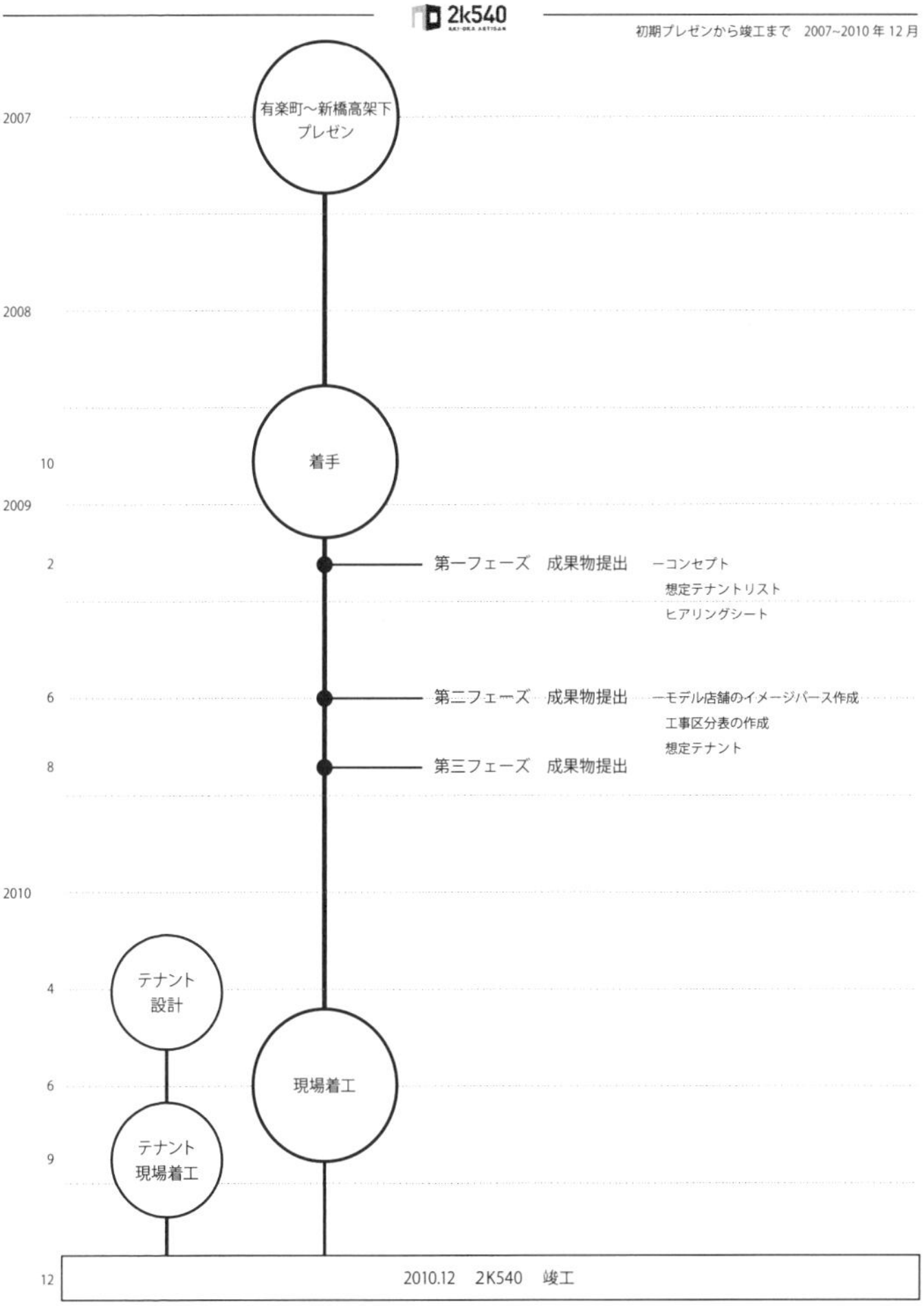
2k540
初期プレゼンから竣工まで　2007~2010 年 12 月
2007
有楽町～新橋高架下
プレゼン
2008
10
着手
2009
2
第一フェーズ　成果物提出
ーコンセプト
想定テナントリスト
ヒアリングシート
6
第二フェーズ　成果物提出
ーモデル店舗のイメージパース作成
工事区分表の作成
想定テナント
8
第三フェーズ　成果物提出
2010
4
テナント
設計
6
現場着工
9
テナント
現場着工
12
2010.12　2K540　竣工

ＪＲＴＫは「地域と一体になった活気ある街づくり」を企業理念に掲げ、ＪＲ東日本の土地資産の活用と運用をおもな業務としている。「ビーンズ」など駅直結型のショッピングセンターだけでなく、数多くの物販店、飲食店などの開発と運営を手がけるなか、高架下の再開発に特化し、「沿線価値の創造、住みたくなる街づくり」の実現に取りくんでいる。

ふつうＪＲＴＫのような大企業が発注する仕事は、大手が引き受ける。競合プレゼンも大手同士で行われるケースが圧倒的に多い。スタッフが数名の、まして独立して日の浅い空間デザイン事務所がこの規模の仕事に携わることは、まずないといっていいだろう。それが、どうして自分のところに話が来たのか。きっかけは、それまでも何度も仕事をともにしてきた仲間からの相談だった。

空間デザインの仕事には、いつでも複数の人間がかかわる。事務所内でスタッフと協働することはもちろんだが、とくに現場レベルでは、ほかのプロフェッショナルとチームを組んで仕事を進めることがほとんどだ。そのプロフェッショナルとは、インテリアをコーディネートするスタイリストだったり、効果的なライティングを計画する照明デザイナーだったりするのだが、そうしたなかのひとつにデコラティブペインターがいる。

デコラティブペイントとは、壁に大きな絵を置いたり、あるいは壁そのものにエイジング加工を施したりする仕事。素材だけでは達成できない空間の質感を演出するのに、欠かすことのできないパートナーだ。

　このデコラティブペイントのパイオニアがヨザン弥江子さんで、アパレルの出店に際し複雑な仕上げを任せられるヨザンさんとは、丹青社時代に多くの現場でご一緒し、以来、信頼できるパートナーとして関係がつづいている。そのヨザンさんのところにJRTKの常務から高架下再開発について相談があったのだ。そういうことならと、彼女が私のところへ話をつないでくれたのである。

　JRTKがヨザンさんのもとへ高架下の再開発を相談したのは、開発事業を進める社内での体制変化が関係している。さきほども書いたように、これほどの大企業が発注する大規模再開発事業であれば取りひき先には通常、大手ゼネコンなどが選ばれる。社会的信用度や実績が影響していることもあるが、設計からテナント誘致、完成後の運営プランまでを一手に引き受けられることが大きい。クライアントは全面的に仕事を任せられる。

　だがその一方で、それが仕事を丸投げする状況につながり、完成してみたもののどこか魅力に欠けていたり、テナントの選出基準がちぐはぐだったり、運営がスムースにいかなかったりしてしまうケースも少なくない。JRTKは過去にそうした事態にいくつか遭遇してしまい、結果、高架下再開発については自社でみずから開発にあたり、会社の規模に関係なく、ＪＲＴＫの要求に対し納得できるクオリティで答えてくれるパートナーを探していた。

当初、ＪＲＴＫがヨザンさんを通じて提案するように求めてきたのは、東京駅から新橋までの高架下再開発プランだった。この高架下はドイツ人鉄道技師・建築技師のフランツ・バルツァーが建てたもので、当時最先端だったヨーロッパの建築技術が用いられている。誕生から１００年が経過した高架下をあらたに生まれ変わらせるのにふさわしいのはどんな施設なのか。ＪＲＴＫからの相談を受けてヨザンさんと私が考えたのは、１００年のあいだに飲食店の看板や塗装で覆い隠されてしまっている高架下の象徴とも呼べるアーチを、建築当時の状態に戻すこと。つぎの１００年に向かって、いままで足されていたものを引いていく、そんなコンセプトだった。

このときＪＲＴＫの社長に直接プレゼンテーションするチャンスをもらうことになる。プレゼンにあたってはビジュアル構成も重要になるため、グラフィックデザイナーの野内隆さんにも協力を求めた。

このプレゼンはクライアントの共感を得ることができたのだが、長い年月が経過して地権者が不明な部分もあり、東京駅から新橋にかけての高架下の再開発は棚あげになってしまう。そこでJRTKがつぎに乗りだしたのが、すでに権利関係などの手続きが済んでいる秋葉原から御徒町にかけての高架下の再開発だった。そしてこのプロジェクトをだれと進めるかとなったときに、私たちに再び声がかかったのだ。

「ものづくり」の街、秋葉原・御徒町

前回のプレゼンテーションが評価されたことはうれしかったが、同じ高架下とはいえ、東京駅から新橋までと秋葉原から御徒町とでは、街の性質がまったく異なる。大型の施設であれ個人商店であれ、その場にふさわしい空間のあり方を探るのにまず必要になるのは綿密なリサーチだ。私とヨザンさん、野内さんのチームは、再開発の対象となるエリアを中心に半径およそ2キロメートルほどの地域を徹底的に歩き、地域の特性を把握することからスタートした。

もともと丹青社が近くにあることもあって、私自身はこの地域に少なからず馴染みがある。だから高架下周辺がどのような状況なのかも想像がついた。当時の高架下は巨大な円柱が林立する駐車場や倉庫として使われており、街を分断する「壁」になっていた。周辺に身を寄せるホームレスたちが、秋葉原の電気街や御徒町のアメ横の商店から出さ

れる段ボールを回収し、リヤカーにうずたかく積みながら歩く姿をはじめて見たときの衝撃は忘れられない。どこか戦後闇市のにおいが残る雰囲気だった。

ところが周辺の環境をリサーチしてみると、秋葉原・御徒町エリアには、商人と職人の街として江戸時代からつづく長い歴史があることがわかってきた。まず御徒町には日本で唯一のジュエリーの問屋街がある。「ジュエリータウンおかちまち」を標榜し、取りひきやショッピングに全国各地から人びとが足を運んでいる。革製造会社も多く、日本の革製造会社の3割がこのエリアに集中しているという。歳末の大売り出しで有名な商店街・アメ横もあるし、上野方面に少し北上すると調理、厨房備品の問屋街として知られる合羽橋、さらには銀座についで日本第2位の規模を誇る呉服専門店街もある。

さらに近年では行政が主導して若いクリエイターを育てる施設もつくられており、アートセンター3331 Arts Chiyoda、秋葉原クロスフィールドなど、クリエイティブ面でもビジネス面でも、この地域からあらたなイノベーションが誕生する環境が整ってきている。近接する上野エリアには、東京芸術大学や東京国立博物館をはじめとするミュージアム群もあり、その影響も少なくない。

またエリアの南東に位置する浅草橋・馬喰町には、2000年以降、若いクリエイターたちが集まり、古いオフィスや倉庫をDIYでリノベーションし、ギャラリーやカフ

開発時の周辺環境リサーチメモ

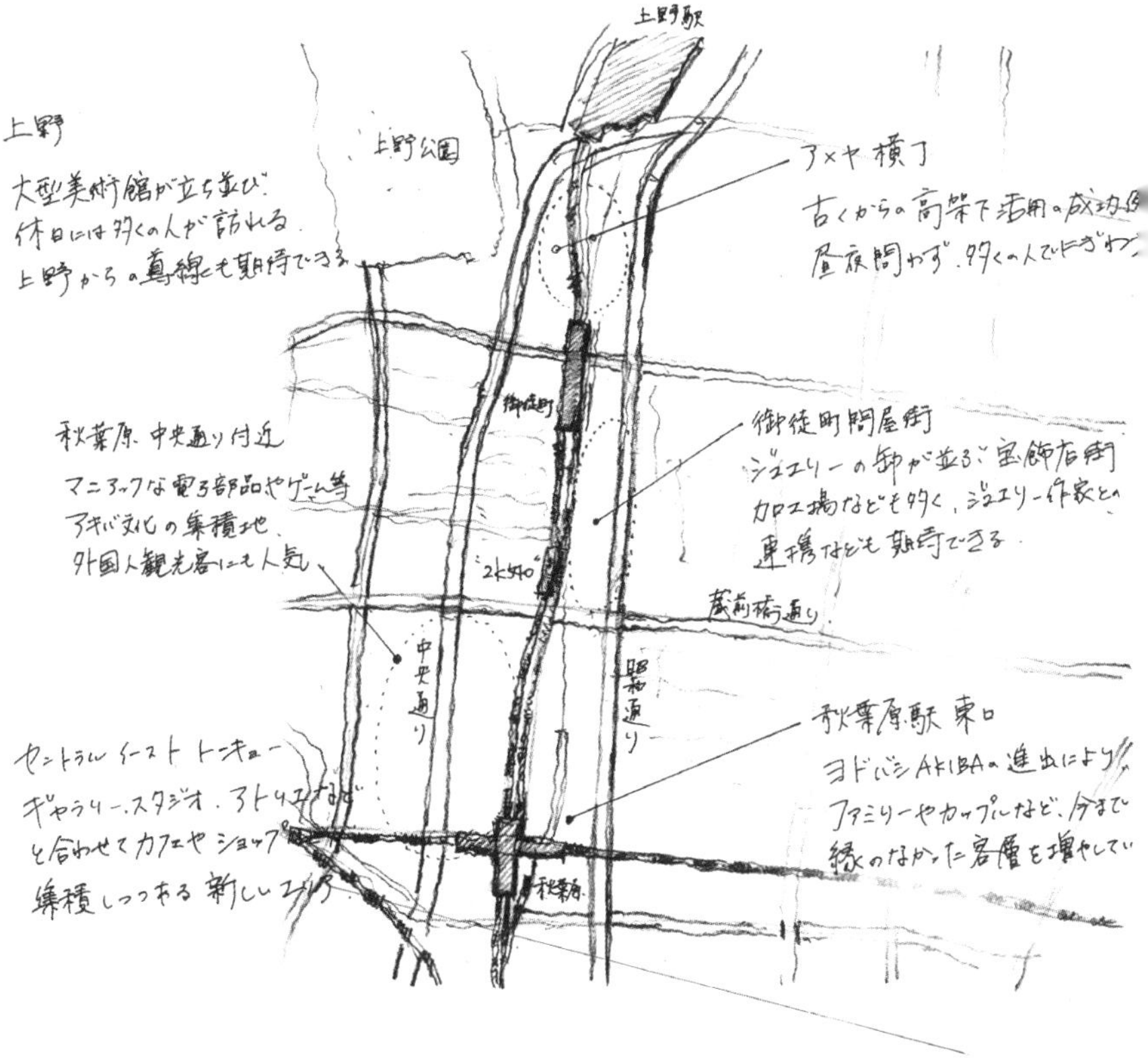
上野駅
上野
大型美術館が立ち並び
休日には多くの人が訪れる
上野からの導線にも期待できる
上野公園
アメヤ横丁
古くからの高架下活用の成功
昼夜問わず、多くの人でにぎわ
御徒町
秋葉原、中央通り付近
マニアックな電子部品やゲーム等
アキバ文化の集積地、
外国人観光客にも人気
御徒町問屋街
ジュエリーの卸が並ぶ宝飾店街
加工場なども多く、ジュエリー作家との
連携なども期待できる。
"2k540"
蔵前橋通り
中央通り
昭和通り
秋葉原駅東口
ヨドバシAKIBAの進出により
ファミリーやカップルなど、今まで
縁のなかった客層を増やしてい
セントラルイーストトーキョー
ギャラリー、スタジオ、アトリエなど
と合わせてカフェやショップ
集積しつつある新しいエリア
秋葉原

ェ、アトリエとして活用しはじめていた。クリエイターの集いの場として先行して存在していた台東デザイナーズビレッジもこのエリアにある。一言でいって、秋葉原・御徒町エリアは地域の歴史を生かしその延長で発展的に変化する「ものづくり」の街なのだ。
だとすれば、地域を分断する壁としてではなく、地域を「つなぐ」空間として、高架下を生まれ変わらせたらどうだろう。人と人、線路のあちらとこちらを結びつける、「ものづくり」を中心としたにぎわいのプラットフォームとしての高架下——これが2k540の基本コンセプトになった。

基本コンセプトが固まったところで、クライアントであるJRTKにプレゼンテーションし理解をしてもらわなければならないのだが、これが簡単ではなかった。最初JRTKは、このエリアの「ジュエリーの街」という特性にスポットを当てて、それを全面に押しだす再開発を期待していたため、「ものづくり」といわれてもなかなかピンと来なかったのだ。またJRTKとしては、大手以外と仕事をするほとんどはじめてのケースでもある。つまり、私たちとクライアントとのあいだには、まだなんの信頼関係も構築できていなかった。

空間デザインに限らず、クライアントとの相互理解を築くことは、仕事を成功させるために欠かすことのできないプロセスだ。ここでつまづいてしまうと以後のコミュニケーションでかならず齟齬が出てくる。私たちのコンセプトを理解、納得してもらうために、JRTKの方々を対象に何度となく現地視察を企画し、馬喰町にある知人のショップを訪ねてみたり、リノベーション施設を見学したりと、実際に現場を歩いてもらいながら、このエリアの歴史や特性、現在の変化について説明を重ねた。そうした積み重ねを経て少しずつ理解と信頼を勝ち得ていき、ついにコンセプトにGOサインが出ることになったのだ。

クリニャンクールとサンタフェ、ふたつの風景

このコンセプトを具体的な形で実現していくのが、空間デザイナーとしての自分の仕事だ。どんな空間がふさわしいのか。ものづくりを起点としたにぎわいのプラットフォームといったとき、自分が思い描いたふたつの景色がある。ひとつはパリにあるクリニャンクールの蚤の市、そしてもうひとつはアメリカのニューメキシコ州にあるサンタフェだ。

クリニャンクールは、ヴァンヴ、モントルイユとともに、パリの三大蚤の市に数えられる。日本はもちろん、世界中から観光客が押し寄せ、また骨董商が仕入れをする場所

クリニャンクールの蚤の市

サンタフェの旧市街地

としても有名だ。一日ではとても回りきれないほどの広大なマーケットで、アンティークな家具や美術品から、日用品、古書、雑貨、服、装飾品、さらにはだれが買い求めるのかというガラクタの類いまで、ここで手に入らないものはないのではないかと思えるほど、多種多様な品で溢れている。屋外ブースだけではなく、店舗を構える小さな路面店も多く、文字通りピンからキリまでの品揃え。マーケットの内外に屋台やレストランが軒を構え、週末は人が絶えることはない。蚤の市のエリア内を、人種も年齢も職業もさまざまな人たちが思い思いに行き交う。にぎわい以外のなにものでもない、生き生きとしたコミュニケーションが途切れることなく生みだされている。

サンタフェはアメリカ・ニューメキシコ州の州都で、現存するアメリカの都市としては2番目に古い、歴史ある街だ。歴史的な街並みや建築物を残していることから「アメリカの宝石」とも呼ばれている。そうしたことからアーティストが好んで住み、音楽や工芸のフェスティバルが開かれるなど、文化的な都市としても発展している。つまり街全体として建物がもっている歴史性を保存することで、そのことが生みだす雰囲気に惹かれてクリエイターが集まり、そうした人たちが創造的な活動をすることで街に活気が生まれるという、有機的でポジティブな循環が生みだされているのだ。サンタフェの歴史的建造物には、スペイン領・メキシコ領時代のものはもちろんのこと、11世紀中頃からこの地に定住していたネイティブ・アメリカンのティワ族が暮らしていた土壁や日干しレンガの積層型集落も含まれている。この集落の土壁の風あい、日干しレンガの乾いた質感は、他をもって替えることのできない、唯一無二の質感を宿している。どんなに建築技術や施工技術が進化したとしても、長い年月を経過した建材だけが備えることのできる質感を実装することはできない。非科学的に聞こえるかもしれないが、時の重みだけが生みだせる素材感というものが、たしかに存在するのだ。

秋葉原・御徒町の高架下をデザインするにあたり、私はクリニャンクールのようなモノと人とが偶然出会うたのしみ、探すよろこびに溢れ、またそこに集うクリエイターが好むような余白のある、つくり込み過ぎない空間でありながら、サンタフェの集落のような長い年月をかけて生まれた自然発生的で人間味のあるスケール感と日常をも感じさせる空間こそが、ものづくりを中心に人と人、場所と場所をむすびつけるはずだと考えた。そのため、空間内の導線はできるだけ複雑に入りくんだものにし、施設内の素材感もできるだけもとのものをそのまま生かすことにした。

デザインの大枠が固まれば、つぎにやるのは具体的に手を動かして精度を高めていくことだ。このとき、デザインを練りあげていく方法はさまざまで、スタッフに導線のあり方や配色についてより具体的な指示を複数パターン出し、それぞれの案を走らせながら比較検討することもあるが、2k540ではデザインが目指す方向性だけの最低限の説明に止め、あとはスタッフ個々人がもっているデザイン力に委ねることにした。ひとつにはデザインにかけられる時間が限られており、事務所内でのやりとりを活性化させることでクオリティを高めつつスピードアップを図りたかったからだが、それよりも、この仕事で重要になるのは、建物の見映えや空間の水平垂直のレベルが整っていることではなく、その空間が5年後、10年後にどう使われてほしいかを考えることにあると判断したからだ。

自分の場合、デザインするときにまず思い描くのは建物や空間それ自体ではなく、これから生みだされる場を使っている人、その場からつながる街、そういったものを含めた風景である。その風景に必要な空間はどのようなものなのか、そこから思考をスタートさせる。

自分の目の前に、見ていてたのしい景色、もっと見ていたいと思うような活気のある景色がある。それは自分の視界、実際に見えている範疇の景色。そこから少しずつ視野を広げていって、その景色を構築している要素を考えていく。部分からはじまって全体を捉える。建築の場合は逆で、全体の枠組みを考えてから部分へと移っていく。

自分がこうした発想をするのは、学生時代の家具づくりやスケッチなど、手に触れる

実際のプレゼンテーションで使用した資料

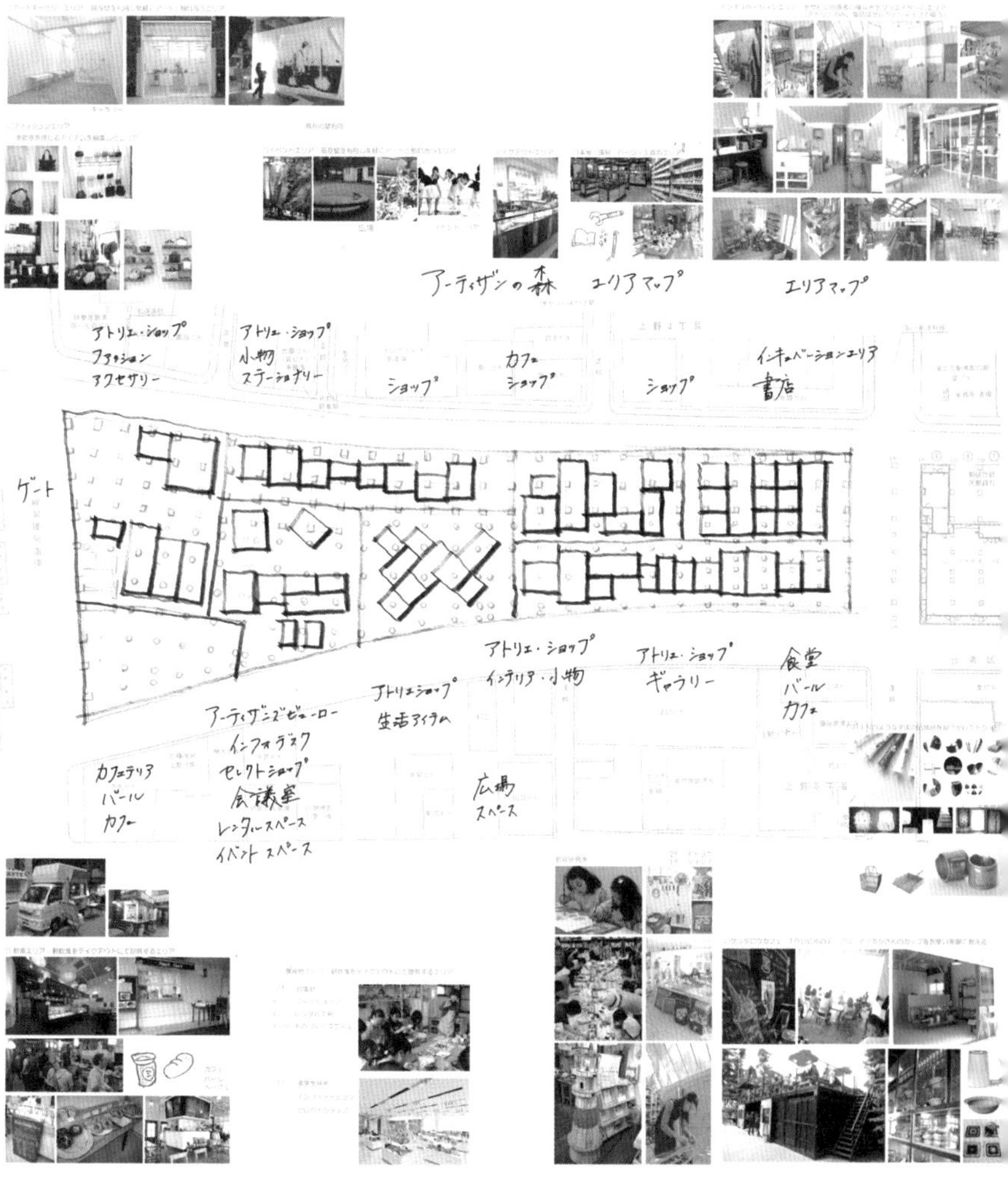

もの、手に収まるものの範囲でのデザイン経験によるところが大きいが、だからこそ地に足のついた空間デザインができているのだと思う。

もちろん、建物の外観や内部のレベルをきちんと整えることも重要だが、2k540の場合は、それよりもこの空間を使ってなにを生みだしたいのかのほうが重要になる。生みだしたいのは、クリニャンクールの蚤の市のような生き生きとしたにぎわいだ。そ

◀開発時の検証パース

112-139
112
139

BEWARE OF THE DOG
ROMFORD
GIDEA PARK STN
PRIVATE

開発時の検証パース

のためにはスタッフそれぞれのデザイン力を頼りに、計画されたものよりは、むしろ無計画に見えるような偶然性も取りいれた導線プランを実現させなければならない。スタッフが描いたスケッチをベースに、事務所全体で何度も議論を重ね、手を加えていった。

チームで挑んだ再開発

デザインを練りあげていく一方で、クライアントとの打ちあわせも重ねていく。ＪＲＴＫは今回が実質はじめての自社主体となる開発事業だ。これまで大手に一任していたことも、自分たちで採決しなければならない。それは簡単なことではない。デザイン的なリテラシーがけっして高くないなかで、なにに準拠して判断をしていくのか。社内調整が必要な場面も多く、どうしても予算や安全面・安心面に依拠したリアクションが多くなってしまう傾向は否めない。

提案するデザインがことごとく通らない場面もあった。たとえばサンタフェの集落のようにと考えて、もともとの高架下の素材を生かすべく天井や柱はできるだけもとのモルタル素材に手を加えないつもりだったのだが、安全面とコストの観点から、すべて白い塗装を施さなければならなくなった。このままではとても満足のいく空間をつくることは難しいと考えたこともある。

そんなとき、クライアントの窓口として無理をしてくれたのが、当時開発事業部の調査部長だった千葉修二さんだった。ぎりぎりのところになると、千葉さんはかならずこちらの側に立って社内を説得してくれた。社長に直談判してくれたことも一度だけではない。

そうした千葉さんのがんばりに応えるべく、私たちも、たとえ通らなかったとしてもデザイン面で手を抜くことは一切なかったし、プレゼンテーションにも力を入れた。ヨザンさんと私とでデザインの精度をあげ、野内さんにはそれをＪＲＴＫに伝わるようなグラフィックとしてまとめてもらう。そうしたプレゼンテーションを繰り返し、いよいよ施工へと移っていく。

施工実施にあたっては、一級建築士の添田直輝さんに依頼をした。高架下の建築には制約が多い。建築基準法としては屋根はなく空という考え方なのだが、消防法では屋根として考えなくてはいけないなど、解決すべき課題があるのだ。また２ｋ５４０の場合、上には山手線が走り、地下には新幹線のトンネルが通っているため、構造的にも非常にデリケートな設計が求められる。

添田さんとのあいだで、プランをもとにした配置図のやりとりが重ねられていった。

プレゼンテーションを繰り返し、デザインの修正をするたび、添田さんも配置図を引き直す。最終的に優に100を超える配置図を描いてもらうことになった。

こうした作業と並行して、今回はテナント誘致の提案もおこなった。そのときにこだわったのは、ここでしか出会えない、発見することのできない人やものを集めること。いわゆる大型ショッピングモールのように、チェーンやグループ展開をしているテナントを誘致したのでは、2k540がめざすものづくりを中心としたにぎわいのプラットフォームはとても実現できない。2k540という場を通じて、そこを訪れる人だけでなく、テナント同士が交流しネットワークを構築していけるような、そんな人選が求められた。そこで私と野内さんとが中心となって、気になるショップやクリエイターのリストを作成した。

同時に、そうした人たちにふさわしいテナントの設計も考える必要がある。自分がデザインしたのは、ショップとしても使えるアトリエをイメージした空間だ。なぜアトリエがベースなのか。それはやはりものづくりを中心に考えたから。もちろんショップとして使ってもらってもいいのだが、テナントの使い方自体も、そこに入る人に決めてほしい。そういうところから創造的な活動が生まれてくるはずだし、その総和が2k540という空間全体を活性化させることにもつながっていく。

歴史につらなる必然性のある空間

２０１０年12月に2k540 AKI-OKA ARTISANは完成した。施設名には東京駅からの距離である「２キロ５４０メートル」を意味する鉄道用語をそのまま用い、秋葉原と御徒町からＡＫＩとＯＫＡを、そして職人を意味するフランス語ＡＲＴＩＳＡＮをつけ加えた。

２ｋ５４０は、２０００年頃からはじまった駅を活用するいわゆる「駅ナカ」施設開発につづく事業として企画された高架下再開発事業に先鞭をつけることになった。空間デザインとして高く評価されただけでなく、売り上げなどの面でも十分な結果を出すことに成功したからだ。現在、都内各所では高架下の再開発が活発におこなわれている。そのどれもが２ｋ５４０をひとつのモデルとして参照してくれていることはとても光栄に思うが、同時に少し複雑な気持ちにもなる。

２ｋ５４０をものづくりを中心とした空間としてデザインしたのは、秋葉原・御徒町エリアという地域の特性があったからだ。もしも一番最初の東京駅・新橋間の高架下をデザインしたとしたら、空間の中心においたコンセプトは違ったものになっていただろ

ARTISAN

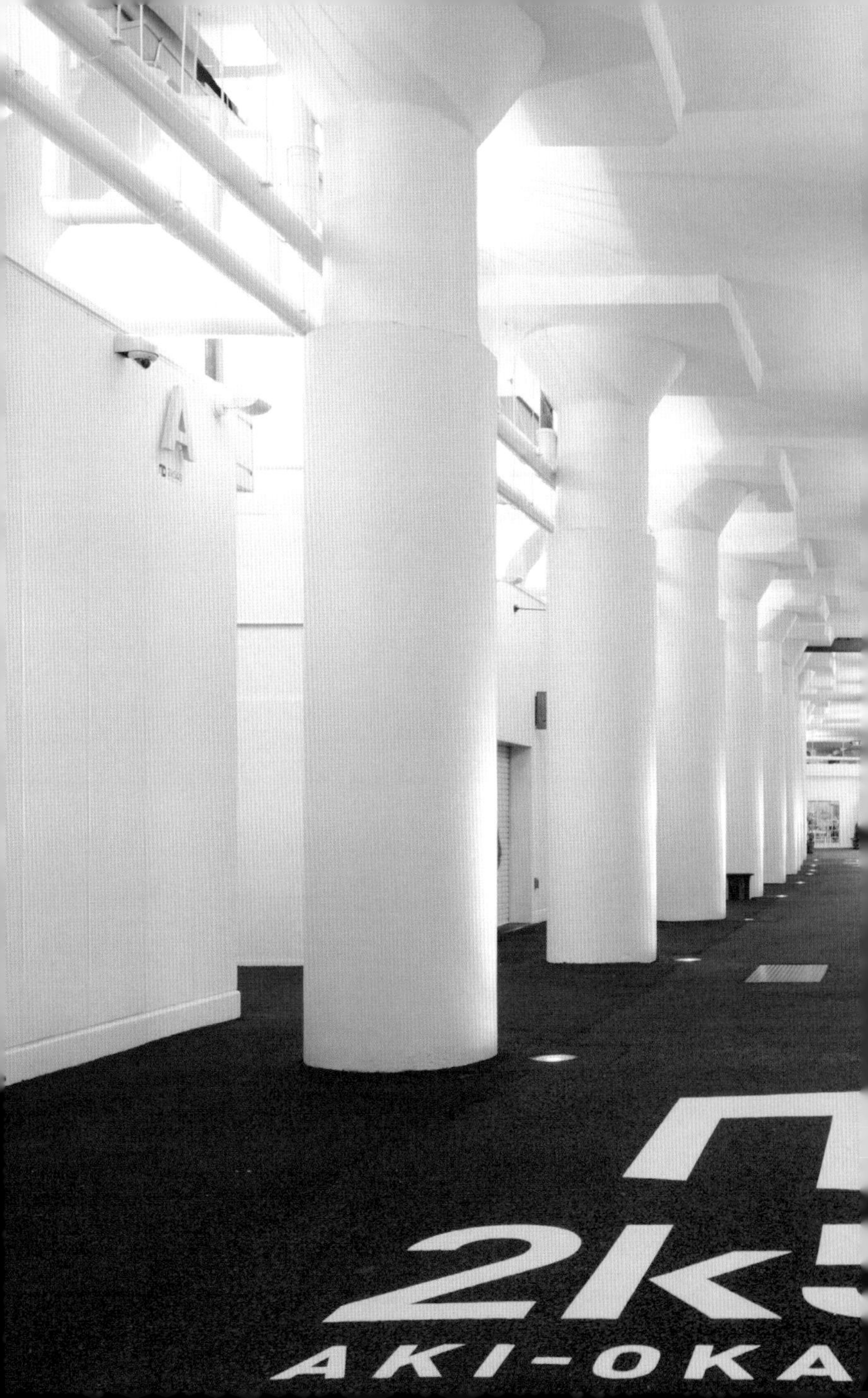
2k5
AKI-OKA

「2K540」共用部通路の風景

日本百貨店

秋葉原側から望む

うし（最初に出した案は「赤レンガ街」にアートのあるシーンだった）、当然、デザインも異なるものになっていたはずだ。

2k540をモデルとして参照することはまちがっていないけれど、空間のあり方、テナントの傾向だけをトレースしたのでは、「高架下」という空間条件が変わっただけで、大型ショッピングモールのありようと大差がなくなってしまう。ほんとうに参照してほしいのは2k540を成り立たせる根幹にあるコンセプトで、それは地域性から必然的に導きだされた答えなのだ。

引き渡しから10年近くが経ち、いまあらためて2k540を訪ねると、まだまだ完成されていないと感じる。もっと雑然としていていいし、もっと汚れていていい、そんなふうに感じる。クリニャンクールの蚤の市のような、あるいはサンタフェの集落のような、にぎわいで満ちた空間になるまでにはきっとまだまだ時間がかかるのだろうけれど、2k540は秋葉原・御徒町という街とともに、変化と成長をつづけていってほしい。2k540もまた、この街の長い歴史のなかに、必然性をもって誕生したはずだから。

事例２
人が使い成熟していくにぎわいの市場「まるごとにっぽん」
商業施設

苦況に立たされていた「浅草六区」

東京都台東区浅草にある浅草寺は観光名所として、国内外から多くの観光客が訪れる。表参道の両脇に土産物や菓子を売る商店が建ち並び雷門から宝蔵門へといたる「仲見世」は、東京の下町を代表するにぎわいの風景だ。この浅草寺の南西側に、映画館・演芸場がひしめく興行街である浅草公園六区、通称「浅草六区」がある。

江戸の町人文化が隆盛を極めた元禄時代以来の歴史をもつこの区域は、明治時代になってからもにぎわいが途切れることなく、日本ではじめての興行劇場「常盤座」にはじまり、演劇場や活動写真館、オペラ館がつぎつぎと建てられた。日本初の高層ビル「凌雲閣」が建設されたのも浅草六区だ。エンターテインメントの街としての伝統は戦後も受け継がれ、浅草フランス座演芸場（現在の浅草演芸ホール）からは渥美清、萩本欽一、ビートたけし、劇作家の井上ひさしらが輩出しているし、桂文楽、古今亭志ん生、古今亭志ん朝、立川談志、三遊亭円生、三遊亭円楽といった、昭和の名人として知られている落語家たちも活躍した。娯楽を求める人びとが行き交うことで周辺には商店が集まり、飲食店やカフェ、雑貨屋も多く、活気にあふれている。つまり、エンターテインメントを中心に、17世紀頃から300年以上ものあいだ連綿と続いてきた人とモノとが行き交うにぎわいの街が、浅草六区なのである。

しかし、長い伝統と歴史のある浅草六区も、時代の変化を免れてきたわけではない。日本中の家庭にテレビがいき渡った1960年代半ば以降、人びとが娯楽を消費するスタイルの変化にともなって、劇場や映画館への客足が徐々に減少してきたのだ。そのたびに地元の人びとが中心となり地域再生に取りくんできた。だが2008年のリーマン・ショックで景気が落ち込み、2011年に発生した東日本大震災による被害、さらに2012年に残されていた映画館5件が相次いで閉館したことで、にぎわいの陰りが目に見えるようになってくる。

これまでにない苦境に立たされた浅草六区だが、この状況にただ手をこまねいていた

開発時のスケジュール資料

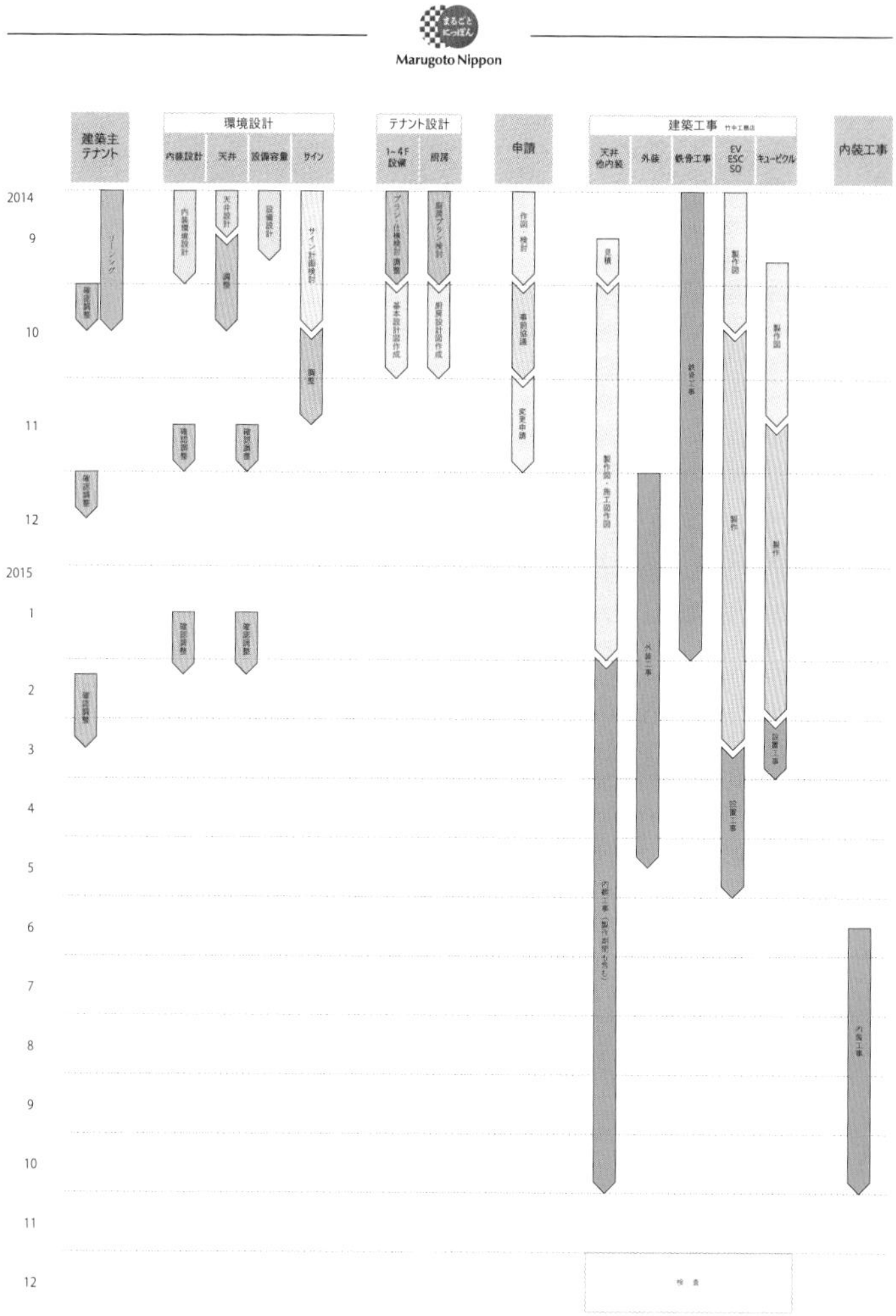

わけではもちろんない。江戸の町人文化にルーツのあるこの街の人びとらしく、浅草六区のもつ力を信じて、かつてのにぎわいを取り戻すだけでなく、さらなるにぎわいを創出するために、台東区や商店街が中心となって地域の歴史や芸能文化の魅力を軸とした再開発事業を積極的に展開していくことになる。2013年からはじまったこの再開発事業によって、浅草六区はあらたなにぎわいを生みだすのだが、そうした事業の一端を担うべく、2015年12月にオープンしたのが商業施設「まるごとにっぽん」なのだ。

まるごとにっぽんがあるのは、つくばエクスプレス・浅草駅と浅草寺五重塔を結ぶ中間点に位置する、地上13階、地下2階からなる東京楽天地浅草ビルの1階から4階部分。東京楽天地浅草ビルは、地階に遊技店、地上5階から上に宿泊施設を備え、浅草六区再開発事業におけるあたらしいランドマークとして建設された。その中核部分を構成する商業施設であるまるごとにっぽんが掲げるのは、その名が示す通り日本をまるごと体感してもらうこと。具体的には、「もの・こと・風土」といった日本が有する地域資源に結びつく食品、物販、日用品、イベント、料理などを、全国各地からこの商空間に結集し、それらのラインナップから、訪れた人たちに日本の魅力をあらためて発見してもらう。浅草六区はもとより、ここから日本全体へと広がるにぎわいを創生する——この地域が培ってきた歴史と伝統そして芸能を通じて、日本に暮らす人びとに笑顔を届けてきたという自負と気概にもとづいた一大プロジェクトがまるごとにっぽんなのだ。このプロジェクトに、私は空間デザインだけでなく、企画立案、コンセプト策定といったスタート時点からかかわり、さらにクライアントとともにテナントの選定・誘致もおこなうこととなった。

空間デザイナーがここまで広範囲に、しかも長期にわたって仕事にかかわることは、かなりめずらしいといっていいだろう。餅は餅屋ではないけれど、空間を立ち上げることは共同作業であり、ひとつひとつの仕事が集積することで、空間全体に生命が宿っていく。その細部の精度を高めるためにも、それぞれの専門分野で高度な技能をもった人たちがパフォーマンスを発揮することは、完成した空間の質に直結するし、限られた予算と工期という制約を解決するための効率化からも理に適っている。だからこそ、空間デザイナーは基本的にデザイン作業に専念し、クライアントから提示されたコンセプトをもっともっとふさわしい形で実現するために、もっているもののすべてをかけて仕事に向かうのだ。

けれど、まるごとにっぽんの仕事はそうではなかった。空間デザイナーの職域を超えてプロジェクトの芯の部分に携わることになったのには、もちろん理由がある。

白紙になったプロジェクトからつながる

まるごとにっぽんの親会社は株式会社東京楽天地だ。阪急阪神東宝グループの一員である同社は、映画会社である東宝の名前があるように、映画の制作配給会社である東宝株式会社とも関連がある。現在、東京楽天地の常務取締役のひとりである小笠原功さんは、東宝時代には「日比谷シャンテ」の館長をされていた。

日比谷シャンテは、東宝の直営劇場として数々の名作映画を上映した旧日比谷映画劇場・有楽座の跡地再開発によって1987年に開業した。服飾店や喫茶店などの入った本館と、ミニシアター系の映画館である別館からなる複合型映画館の先駆けとして、映画ファンのみならず、多くの人に親しまれている施設だ。

日比谷シャンテ館長時代の小笠原さんが在任中に実現しようとしていたのが、この日比谷シャンテのリニューアルだった。そのための絵を描いてほしいという依頼が、私のところにあったのだ。小笠原さんとの出会いは、たまたま参加した海外のショッピングセンター視察会で、年は離れていたけれど不思議と気が合い、仕事というよりはプライベートでのおつきあいをさせていただいていた。最初、小笠原さんからいただいた依頼の内容は、テナント誘致のためのリニューアルイメージの作成だった。協議を重ね、デザインも仕上げていったのだが、結局このときはリニューアル計画そのものが流れてしまうことになる（その後、日比谷シャンテは2017年に開業以来最大規模のリニューアルがなされた）。建築や空間デザインでは、それがコンペティションによるものであれ、クライアントから直接相談されたものであれ、ある程度進んだプロジェクトが立ち消えになることは珍しいことではない。金銭面においても、人的、時間的な側面においても、ひとつひとつの仕事はけっして小さくない経済規模で動いており、それだけ関係各所との調整が必要になるため、実際の工事がはじまるまでに計画自体が覆ってしまうことがあるのだ。小笠原さんが目指した日比谷シャンテのリニューアルも、残念ながらそうしたケースのひとつだった。

ただ、そうした仕事が無駄なのかといえば、自分はそうは思っていない。たしかに最終的に金銭的な利益にはつながらなかったかもしれないが、実現を目指して真剣に言葉を交わし、互いの意見をぶつけあい、それをデザインとして立ち上げるプロセスをクライアントと共有したその時間と経験は、たしかな財産になる。それがきちんとできていれば、クライアントとのあいだに信頼関係を築くことができるし、別な機会に仕事につながっていくこともある。実際、私のところに来る仕事はそうした関係性の上に成り立っているものが多い。仕事である以上、デザインの対価について考えることは必要だが、利益はあくまで結果として発生するものであって、それを目的化してしまうとクライアントといい関係を構築することはできないし、ましてや生き生きとした空間を設計することなど、とうていできないだろう。

幸いなことに、小笠原さんとはそうした信頼関係を築くことができた。その後、小笠原さんは東京楽天地へと籍を移されるのだが関係は途切れることなくつづき、折に触れて自分がかかわった仕事についてお話させていただく機会を与えてもらっていた。そして2013年に浅草六区の再開発事業がスタートし、東京楽天地浅草ビルの建設が決まったときに、企画段階から参加してくれないかと打診されたのだ。独立後に手がけた各種商空間のデザインや、2k540などの大型商施設の仕事で実績を積み重ねてきたからこそ声がかかったのだろうけれど、小笠原さんが私の仕事を見ていてくださったのは、ベースとなる信頼関係があったからだ。

こうしてまるごとにっぽんのプロジェクトに参加することになったわけだが、当然プロジェクトがスタートした時点では「まるごとにっぽん」という名称も、コンセプトも存在していない。文字通り、ゼロからすべてを生みださなければならなかった。

循環する経済性とコンセプト

最初に私が手伝ったのは、収益バランスを面積で計算させるための設計だった。東京楽天地浅草ビルの建設予算は約100億。この数字は当時の東京楽天地の年間売り上げにほぼ匹敵する。巨額といっていい資本を投入するプロジェクトである以上、なによりもまず収益をどう上げるのかを考えなければならない。コンセプトはいいが、それが売り上げにつながらないのでは、話にならないのだ。デザイナーである自分は、ふだんであればクライアントとの対話からデザインコンセプトを探り、そこを足がかりにして具体的な形を練りあげていく。その意味での設計作業をしているのだが、それは設計する空間内でのことで、その空間が収まる建築の事業性とは異なる次元の話だ。東京楽天地浅草ビルの開発では、どのように経済を循環させるのか、そこからかかわっていた。

コンセプトやデザインに先立つのが経済性である。でもそれは、コンセプトやデザインが経済の奴隷だということではない。たしかに経済には優位性があるし、ときにそれのみが追求され、造形的に悲しい結果になることも多々ある。だが、経済をないがしろにしたコンセプトやデザインもまた、空間としての魅力に欠け客足が伸びずすぐに閉店してしまう店舗のような結果を招いてしまう。大切なのは、両者を主従関係ではなく相互作用のなかで捉えることだ。経済性＝収益がある程度確保されているから、コンセプトやデザインでチャレンジすることができる。チャレンジがうまくいけば、そこからまたあらたな経済が生まれる。ふたつを分け隔てず、循環的に考える。それがより自由な空間へとつながっていく。

さまざまな議論を経て、事業スキームとして出した結論が、地下部を遊技に、上層部を宿泊施設にすることで収益を確保し、中層部を商空間として設計する、現在のビルの構造だ。たんに収益を確保するだけでなく、たとえば地階と地上部では入り口をまったく別々に設けるなど、ひとつの建築のなかでの棲み分けについてもこの段階で検討を重ねて方針を固めた。

浅草六区再開発事業において、建築物の設計は竹中工務店が担当している。東京楽天地浅草ビルも例外ではない。企画開発の段階からプロジェクトを動かしていた竹中工務店とは密に連携をとっていくことになった。

コンセプトは「市場」

竹中工務店が建物の設計を進めるなかで、平行して中層部の商空間のコンセプトも固めていくことになる。東京楽天地浅草ビルそのものは、浅草六区のにぎわい再興を目的としている。問題は、そのビルの中核部分に位置づけられる商業施設で、なにを表現し、それをどう実現させ、その結果をいかにしてにぎわいにつなげていくのかだ。

私が考えた最初のコンセプトは「市場」だった。近江市場を連想するとわかりやすいかもしれない。石川県金沢市の中心部にある近江市場は、生鮮食品を中心とした食品と、生活雑貨を扱う小売店が主体となった市場。もともとは江戸時代に近江商人が開いた魚市場に起源をもち、戦後アーケード街として発達していた空間を再開発した近江市場は、県内各所から届く旬の食材や、ここでしか買うことのできな優れた工芸品を集め、金沢市民の台所としてまた観光客を集める名所として、非常なにぎわいを見せている。モノと人、売り手と買い手、商売人と観光客、あらゆる要素が渾然一体となり、活力とにぎわいに溢れる空間。そうしたイメージから、まるごとにっぽんのデザインははじまった。

市場というキーワードにはわりと早い段階でたどりつくことができたのだが、それをそのままデザインコンセプトとするには少し枠が広い。もっと具体的なコンセプトにしぼり込んでいかなければならないし、どのような商品を扱うのか、そのためにはどういったテナントに入ってもらわなければならないのかも煮詰めていかなければならない。

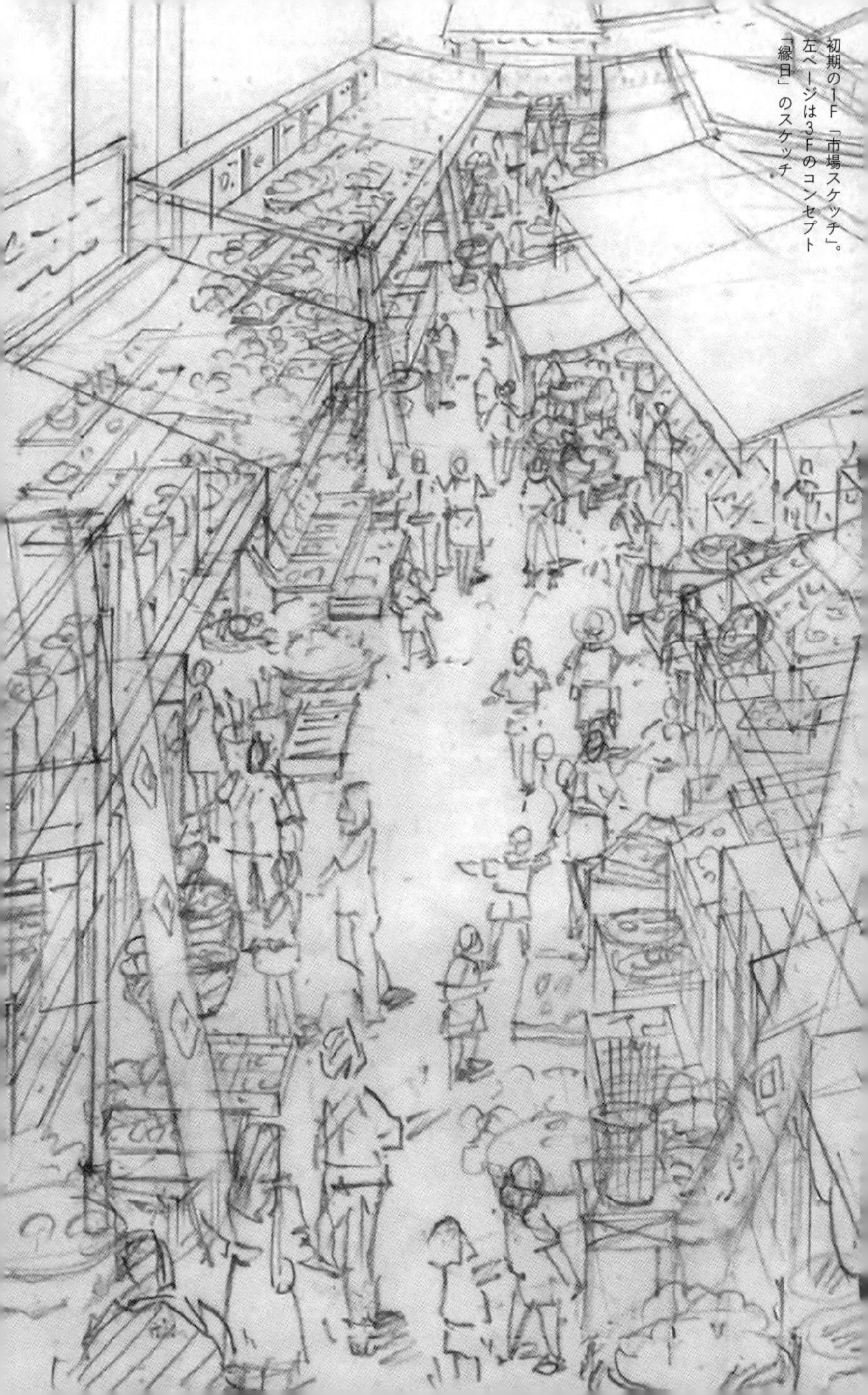

初期の1F「市場スケッチ」。左ページは3Fのコンセプト「縁日」のスケッチ

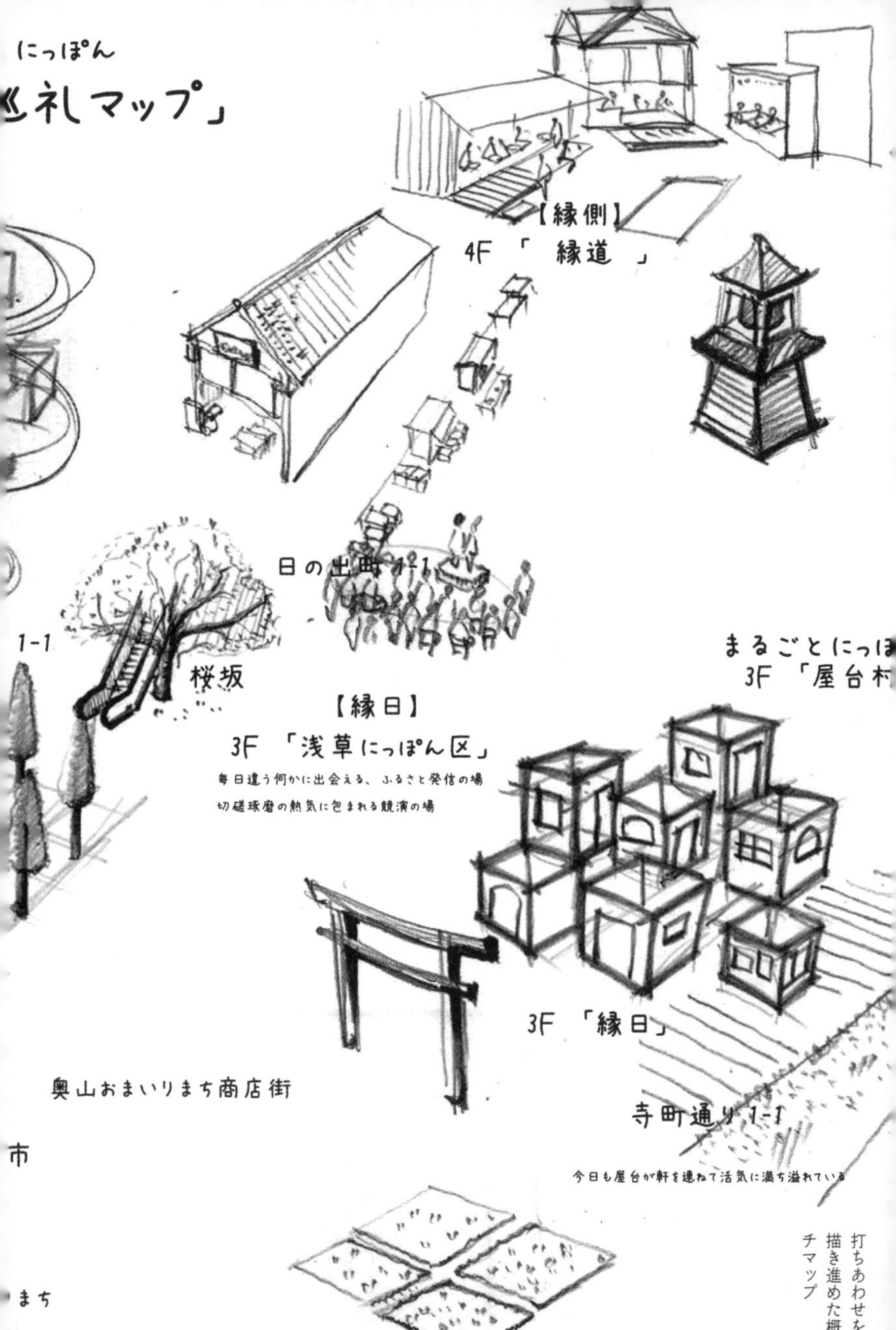

打ちあわせをしながら描き進めた概念スケッチマップ

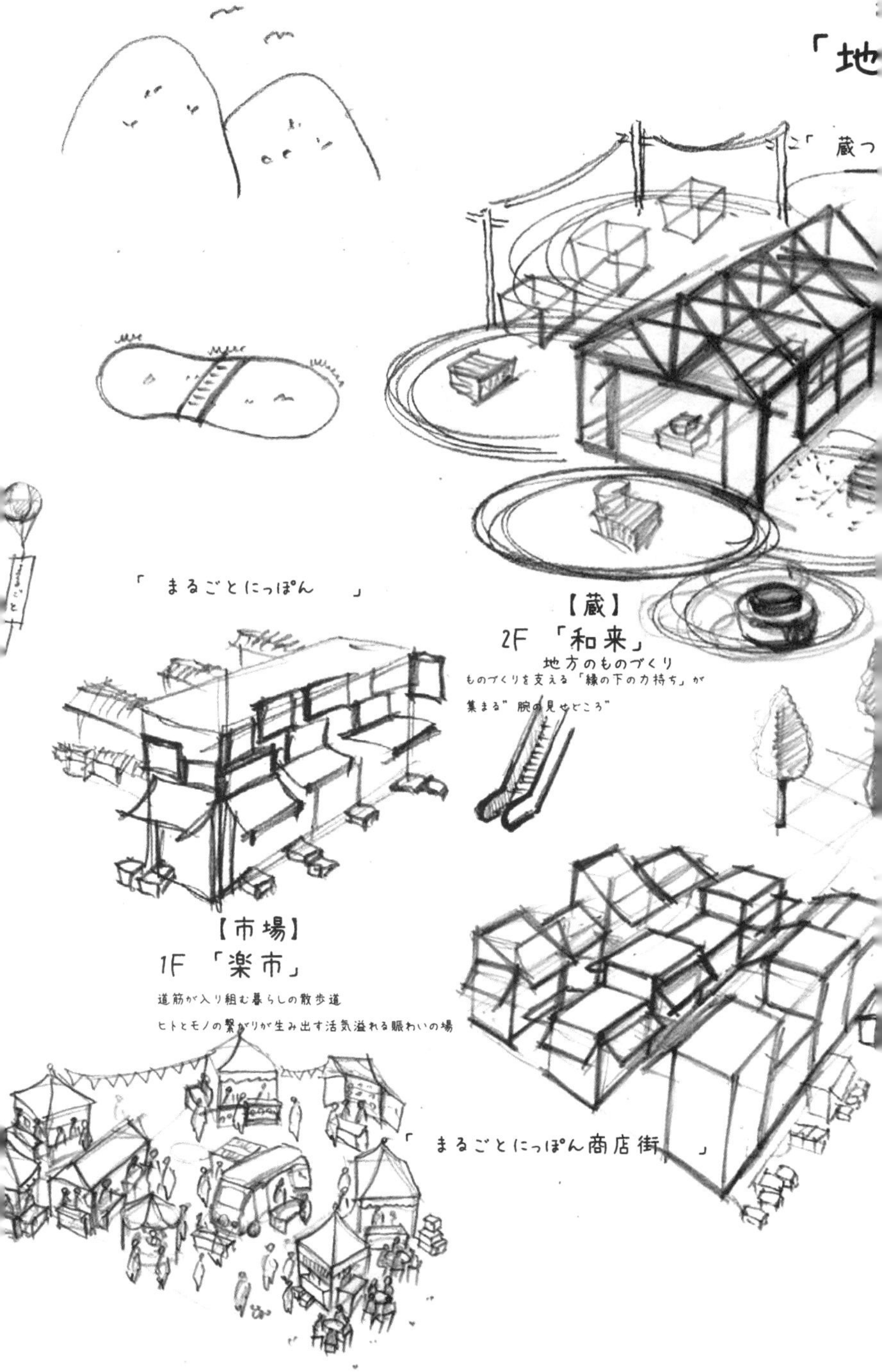

「地
「 蔵つ
「 まるごとにっぽん 」
【蔵】
2F 「和来」
地方のものづくり
ものづくりを支える「縁の下の力持ち」が
集まる" 腕の見せどころ"
【市場】
1F 「楽市」
道筋が入り組む暮らしの散歩道
ヒトとモノの繋がりが生み出す活気溢れる賑わいの場
「 まるごとにっぽん商店街 」

デザインコンセプトのブラッシュアップとそれにもとづいたデザイン案の作成に加えて、デザインが実現する空間に入る個々のテナントを選定し、そのテナントの魅力を最大限引きだし、訪れた人たちが有機的に交流できるような空間をデザインする必要がある。そのためには緻密なマーチャンダイジング（ＭＤ）とそれを反映したテナントのゾーニング、賃料のパターンも考慮しながら全体のデザインを導いていくことが求められる。

こうした作業はお互いに関連しあっていて、部分に手を加えるとそれに合わせて全体にも変更を加えなければならなくなる。当然作業量も多くなるが、プロジェクト全体の工期が延びるわけではない。だからこそ、あらゆる局面でこれまで以上にスピード感をもって作業にあたるようにこころがけた。通常の仕事であれば、打ちあわせを重ねて、クライアントとのあいだである程度の意思統一ができてから、なるべく完成度の高いデザイン画を共有するのだが、まるごとにっぽんでは、たとえ完成度が10パーセント程度だったとしてもまずデザイン画を見せるようにした。言葉を重ねることは重要だが、伝えたい１００の言葉よりも、見せたい1枚の絵が説得力をもつことが往々にしてある。思考や言葉を具体的に視覚化して見せることは、デザインがもっているすぐれた力のひとつだ。このプロジェクトではその力を積極的に使うことで、少しでも早く、けれど強引に説得せずに共通理解を築いていくことができた。

そうした作業を繰り返すうちに、1階〜4階までのデザインコンセプトも自然としぼり込まれていった。基本となるテーマは「風土巡礼」。日本有数の観光地として国内外から年間2800万人もの人びとが訪れる浅草で、日本の文化をまるごと体感してもらう。そのために4層構造全体をひとつの「町内会」と考えて、各階ごとに個別のコンセプトを設ける。1階はここでしか出会えない食品を扱う市場（食）、2階は暮らしの道具や生活の知恵が詰まった蔵（叡智）、3階は各地の魅力が味わえる憩いの場（絆）、4階は地方のごちそうを集め日本の旬と下町風景をたのしめるレストランフロア（風土）。それぞれのデザイン自体は修正を重ね、最終的には最初のスケッチとはずいぶんちがうかたちになっているが、根幹にあるコンセプトは変わっていない。店舗区画をビル内にある架空の住所表記としたのも、そうしたコンセプトにもとづいてのことだ。

人が使うことで、成熟していく空間

4層にわたる空間、それも各階ごとに個別テーマを設けながら全体で一貫性のあるデザインを実現し、しかもテナントのゾーニングも適確に実現していくことは、容易ではない。自分のもっている技術を総動員してデザインに取りくむしかない。そのなかでも

◀エントランスの検証パース

のをいったのが、丹青社時代から培ってきた商空間を設計する際の経験値だった。

たとえばゾーニングと賃料のパターンは、ひとつふたつ用意するだけでは足りない。考えられるだけ、とにかくものすごい数を想定する必要がある。ゾーニングプランに求められるのは、細部までしっかりと押さえられた区割り図。物販、飲食、共用部の坪数をきちんと割りだし、計算して合計の坪数を算出する。フロアを構成する要素の比率を変え、それぞれのパターンにどういう可能性があるのか、人の動きや店舗あたりの滞在時間、それにともなう売り上げ予測の変化などを、言葉で明確に説明しなければならない。感性や感覚に依拠したデザインスケッチを用意しながら、合理的で経済的な原理に準拠したプランも準備しておく。そういうことが求められたときにどう対応すればいいのか。それを助けてくれるのは実際の経験しかない。丹青社で公共空間を商業施設として再開発する仕事にかかわっていた自分には、その経験があった。

同じことはテナントの設計にもいえる。たとえば柱面は物販に向かないことや、陳列する商品に最適な什器のサイズ、隅を切ることでテナントの内と外との連続性を高める演出。そういうところからテナントに必要な広さ、図面としてのラインのあり方が決まってくるのだ。それを知っているかいないかで、まず仕事のスピードがちがってくるし、テナント空間としての使い勝手のよさも変わってくる。

かとう
ちんげん菜
販売中!!
一袋すべて130円
きゅう

1F「市場」のにぎわいを伝える検討パース

また経験に裏づけられた質を予測できているからこそ、フロア全体のデザインでチャレンジをする余裕が生まれる。「楽市」とネーミングされた1階フロアでは、テナントの区切りを壁ではなくモジュール化したやぐらにすることで境界線を曖昧にし、市場全体で活気が連続するようなデザインを実現できた。これは各フロアにも共通する部分で、どこかにデザインに回収されない要素を折り込んでいる。デザインに回収されないというのは、設計する側の意図からこぼれ落ちるということで、つまりその空間を訪れた人が、自分自身で空間の価値や意味を見出していくことにつながる。人と人、人ともの、ものとものとが出会い、縁が生まれ、その縁がまたつぎの縁を生みだしていく。それは人が入って、人が使って成熟していく空間なのだろう。

まるごとにっぽんというプロジェクトは、自分のキャリアのなかでも特別なものだ。かかわった仕事の範囲、かけた時間の長さの点はもちろんだが、クライアントとともに全国各地を訪ね、テナントとなってくれる人たちの顔を見ることができたことは、大きな財産になった。彼ら/彼女らがなにを考え、どのような姿勢でものをつくり、売り、お客さんとかかわっているのか。自身の店で働く姿を見、そこで交わされる言葉を聞き、体温を感じられたことで、またひとつ、デザインするときに具体的に想像する他者に出会えたと思う。

まるごと
にっぽん
まるごと
にっぽん
まるごとにっぽん

るごと
っぽん
o Nippon
Nippon
浅草農
梅日和

Maru
ッシュカツ
etc
売
でもどうぞ。
米沢食肉公社

1Fテナントの様子

2Fテナントの様子

家具も空間のコンセプトに合わせてデザインする

おすすめふるさと

奥山おまいりまち側からの写真

Richmond
まるごと
にっぽん
まるごと
にっぽん
まるごとにっぽん
まるごと
にっぽん

事例3
ストーリーとモニュメンタルな造形でコンセプトを具体化「azabu tailor SQUARE」

アパレル

コンパクトだからこそ試される

「2k540」や「まるごとにっぽん」のような仕事は、空間デザイナーの仕事としては少し特殊かもしれない。いずれも大型商業施設に分類される規模であり、その内部空間全体をデザインする機会はそうそう得られるものではないからだ。

一般的な商環境の仕事の基本は、もう少し規模の小さな空間のデザインであることが多い。たとえば商業施設内のテナントだったり、個人が経営するショップだったり。いわゆる店舗の内装をメインとしたデザインだ。もちろん、扱う空間の規模が小さいからといってデザインが簡単になったり、求められる質が低くなるわけではない。むしろ空間がコンパクトであるからこそ、そこを訪れる人がより印象的で特別な体験ができるように勝負しなければならないし、それをすでに定められた構造という制約があるなかで達成しなければならない。そういう意味では、小さい空間のデザインにこそ空間づくりの醍醐味があると思っているし、空間デザイナーとしての力量が試される領域だと考えている。

丹青社時代も含めて、自分は店舗設計のなかでもとくにアパレル関係の案件に携わることが多かった。もともと店舗空間のデザインを志していた私にとってそれはとても幸運なことだったし、90年代後半から業界の動向と併走するかたちで仕事をしてきたこともあって、アパレルショップのデザインには少なからず特別な思いをもっている。なかでも東京・二子玉川にある「azabu tailor SQUARE」は、忘れることのできない仕事だ。

azabu tailor SQUAREは、オーダーメイドスーツのパイオニア「麻布テーラー」が展開するフラグシップショップ。麻布テーラーの従来商品に加え、オリジナルジーンズや上質なアイテムを取りそろえた「R & BLUES」、〈仕立て屋が考える本格的ドレスシャツ〉をコンセプトに、ドレスシャツやカジュアルシャツなど取りそろえた既製シャツショップ「AZ ABU THE CUSTOM SHIRT」を一店舗のなかに統合している。

平野屋羅紗店からはじまる歴史

　麻布テーラーの歴史は古く、創業は1918年、大阪で羅紗を販売する「平野屋羅紗店」がルーツだ。羅紗は毛織り物の一種で、紡毛を密に織って起毛させた厚手の生地。耐久性と保温性にすぐれ、帽子や羽織りといった日用衣類はもとより、外套や軍服にも使用された。スーツもそのひとつ。創業者の清水貞吉（1887－1961）は、羅紗製品・紳士服の製造業を通して戦前戦後の大阪経済を支えた人物だ。早くから三越や高島屋といった百貨店と取り引きし、平野屋を一代で大きくした。平野屋貞吉没後も事業を拡大し、創業50周年を機にメルボ紳士服株式会社に改称、1999年に直営小売り事業である「麻布テーラー」をスタートさせた。

　麻布テーラーの特徴は、その品質の高さにある。縫製工場を直営のメルボ紳士服工業にもち、工業生産化されたオーダーメイドの工場としては国内屈指の規模を誇る。100を超える工程に100名を超える職人が従事することで高いクオリティを保っている。1964年の東京オリンピック日本選手代表団が身にまとった深紅のブレザーは、この工場から生みだされたものだ。正真正銘のメイド・イン・ジャパン、それが麻布テーラーのブランドとしての価値であり、つよみである。

しかし、会社の歩みはかならずしも順風満帆なばかりではなかった。麻布テーラーをスタートさせたちょうどその頃、バブル経済の崩壊のあおりを受けて80年代に拡張させた海外ライセンスブランド事業の業績が急速に悪化、経営を圧迫することになる。さまざまな手を打ったがこの流れを止めることはできず、２００１年には民事再生法の適用を受けることになった。

原点回帰

この事態にあたって、経営立て直しの柱に据えたのが、自社ブランドへの原点回帰ともいえる高品質オーダースーツを提供するライン「麻布テーラー」だった。

当初1店舗だった麻布テーラーは２００５年には10店舗となり、徐々に売り上げを伸ばしていっていた。資金不足から賃料の高いいわゆる路面店への進出は難しかったのだが、ビルの高層階など、知る人ぞ知るような隠れ家的な場所に店舗を構えたことがむしろ功を奏し、ファストファッションや有名ハイブランドのようなだれもが知っているブランドではなく、納得のいくものを手に入れたいと考えている購買層を獲得していた。

麻布テーラーに加えてR & BLUES、AZABU THE CUSTOM SHIRTといったラインも開発したことで、経営再建は軌道に乗っていく。そんな折、さらに業績を伸ばすためにも、つぎの一手として麻布テーラーだけではなく各ラインもまとめて展開ができる旗艦店の実現を考えることになる。それまで麻布テーラーと関連ラインのショップは、社長の清水貞行さんのコンセプトをもとに工務店がつくってきていた。それはそれで味があり、過度に「デザイン」を感じさせることのない空間でけっして悪くはないのだが、これからの麻布テーラーを牽引するようなフラグシップショップとしては魅力に欠ける。そこで店舗設計をイチからお願いできる人を探していたところ、たまたま麻布テーラーの人材教育を担当していた私の友人が、副社長の清水貞博さんに自分を紹介してくれたことが縁になって、実際にお会いすることになったのだ。

どのような仕事でも、はじめてのクライアントとの最初の打ちあわせはとても重要だ。まだお互いのことをなにも知らないのだから、ここを手がかりにしていくしかない。相手の話にきちんと耳を傾け、自分にできることをしっかりと説明していく。だから一番はじめの打ちあわせで契約がまとまることは、ほとんどないといっていい。話をすることは大切だが、それだけではわからないこともあるからだ。絵を見せたり、これまで手がけた現場を訪れたり、そうやって相手が自分たちを信頼できるかどうかをジャッジする材料を手渡さないといけない。

ところが、副社長の貞博さんとの打ちあわせは一度で終わってしまった。その場で「それではお願いします」と仕事を発注されたのだ。たしかに打ちあわせをしながら貞博さんのビジョンと自分のデザインが噛みあっているとは感じていたが、それにしてもなかなかできることではない。ましてや空間デザイナーと組むはじめての店舗設計なのだからなおさらだ。けれど貞博さんは、たった一度の打ちあわせで私のことを信頼してくれた。正直、なにが決め手になったのかはいまでもわからない。彼がもっている男気のようなものがそうさせたのかもしれないが、任せられると思った人には全力で任せることができるその胆力と能力は、自分にとって衝撃だったし、同時にとてもうれしかった。この信頼と期待に応えなければならない。否が応でもモチベーションはあがる。

コージーな空間

azabu tailor SQUAREの店舗として予定されていた物件は、二子玉川にある玉川タカシマヤの、通りを挟んだ向かい側にあるビルの地下1階。地上部分はコンビニエンスストアで、その脇がエントランスとなっている構造だ。

実際の店舗デザインにあたって、先方からもらったオーダーはひとつだけだった。それは社長の貞行さんからのもので「コージーな空間にしてほしい」というもの。コージー＝cozyとは、「居心地のよい」「こぢんまりとした」「くつろいだ」といった意味の言葉で、堅さよりは柔らかさを、冷たさよりは温かみを感じさせるような、そういう空間をということだった。

アパレルショップのデザインは数多く手がけてきていたが、メインはレディースやヤングカジュアルのお店で、オーダータイプのショップをデザインする機会はそれほど多くはなかった。そこでまずリサーチから入ったのだが、調べはじめてすぐにオーダータイプの店舗の場合、ふつうのアパレルとは決定的に異なる点があることに気がついた。滞在時間が圧倒的に長いのだ。

azabu tailor SQUAREでは既製品も扱うが、目玉はやはりオーダースーツであって、採寸はもちろん、生地のサンプルを見てもらったり、その場で当て布をしたりもする。そのひとつひとつの工程に少なくない時間が必要だし、同伴者がいる場合、店内で待機することも考えられるわけだから、その空間が落ち着きのないものでは困ってしまう。

しかし、一口に落ち着きや居心地のよさといっても、それを実現するためのアプローチは無数にある。また実現するデザインには、azabu tailor SQUAREとしての必然性もなくてはならない。そうしたことをどう考え、表現し、具現化するのか。スケッチを重ねながら見えてきたのは、アプローチからカウンターまでのシークエンスをつくり、それを支える軸を設置すること。軸が空間全体の拠りどころとなって、そのなかに「コージー」な要素を点在させる、そうした景色だった。そしてこの空間を支える軸としてモニュメンタルな造形を設置し、「コージー」を具体化するために他業種とのコラボレーションを求めることになった。

軸となるモニュメント

まずモニュメントのヒントになったのはazabu tailor SQUAREという店名だ。このネーミングは貞行社長によるもので、「SQUARE」には「四角」や「広場」という意味があるけれど、そこから転じて「人の集まる場所」という思いが込められている。また麻布テーラーのブランドが集合してあらたな広場を生みだすというメッセージでもある。

人が集まる場所には、かならず背をもたせることができるような拠りどころが存在する。一本の大樹のように、実際に背を預けなくともその存在が意識されることで安心につながるような存在。そうした役割を担うモニュメントをつくることで、空間に軸をもたせることができるのではないかと考えたのだ。

モニュメントの造形は、スクエアな要素が積み重なって全体を構成するものにしようと考えた。ただし、個々のスクエアはシャープで幾何学的なものにするのではなく、歪みや凹凸のある、いってみれば手仕事を感じさせるものにしたい。水平垂直のグリッド構成ではなく、フリーハンドで描いたスケッチのコラージュのような造形。そこからたどりついたのはがこのモニュメントだ。

素材は鉄を使い、表面には黒革塗装を施すことにした。黒革塗装には、鉄がもともと備えている黒味をさらに深いものにすることで空間を締める視覚効果と、同時に鉄の酸化を防ぐ機能的な役割もある。素材を鉄にしたのはコジーななかに重厚な落ち着きをもたせるためだが、鋳造したのでは重量が大きくなりすぎてしまう。そこでスクエアを表面、側面、裏面に分解してそれぞれ鉄板で整形し、それらを溶接で貼りあわせることにした。そうすることでスクエアの内側に空洞が出来、見た目の重厚感とは裏腹に、実際の重量を大幅に軽くすることができた。

またスクエアは幅の広い縁取りの造形にし、縁の内部は渦を巻く鉄柵をはめてある。これはオーダーメイドと同じようにひとつとして同じ形のものはなく、採寸メジャーの形状から形取っている。視覚的なアクセント、遊び心の表現であると同時に、モニュメ

アーティストに依頼し製作した2層に伸びるスチールの間仕切り

ントの裏側の空間が見通せることで、黒い巨大な面としての存在感はありながら、裏にある待ちあいのカフェコーナーとつながりをもたせ、閉塞感や圧迫感を与えないようにするための工夫だ。

反対に、一番下の段にくるスクエアは蓋をして縁取りの内部を潰してある。これは安全面や維持管理を考えてのことで、実際に空間を使うとき、鉄柵に足をひっかけてしまったり、ほこりや汚れが付着することを避けるためだ。造形的には上から下まで同じ要素で統一されていたほうが美しいが、使い勝手にも考慮しなければ、デザインとしての完成度を高めることはできない。

モニュメントの造形が固まったところで、つぎに問題になるのはこれを店舗空間のどこに配置するか。azabu tailor SQUAREは複数のラインが店内で展開される。そのため店舗空間をシーンごとに区切らなければならない。モニュメントはその造形上、壁面として機能するため、設置すればそのまま間仕切りとしても利用可能だ。店舗内の中央に配置すれば、裏面も見通せるデザインになっていることもあり、圧迫感のない壁として使える。

けれど自分がモニュメントを置く場所に選んだのは、地上のエントランスから地下の店舗フロアへと降りてくる階段の真横、つまり階段という主要構造物に添えるようにレイアウトした。

モニュメンタルな造形を空間内に配置するとき、それが象徴的であればあるほど、たとえば空間の中央など、象徴性を発揮できるような場所に配置したくなる。それはそれでまちがいではないけれど、こと空間デザインにおいてはそれが正しい選択であるとは限らない。

モニュメントは空間の軸になる。軸になるということは、それを中心にほかの要素の配置が決定されるということを意味するが、逆にいえば空間を固定することにもつながる。もしもモニュメントを設置したあとで空間内のレイアウトを大幅に変更しなければならなくなったとしても、軸が空間の中央にあったのでは動かしようがなくなってしまう。とくに店舗設計の場合は、施工後に実際に使ってみて、さまざまな変更が加えられることが予想される。つまり、あらかじめある程度の拡張性のある空間をデザインしなければならない。だからそれがいくらモニュメントとしてすぐれていたとしても、その拡張性を封じてしまうような場所に設置してしまうことはNGなのだ。

azabu tailor SQUAREでは、モニュメントを階段の横に設置した。そうすることで将来的に什器の入れ換えが可能になるし、店内レイアウトの変更にも対応できる。また店舗内でイベントを開催することもできるだろう。

モニュメントというと、その象徴性ゆえについ空間の中心に配置してしまいがちだが、空間の物理的な中心にレイアウトすることと、空間の軸をつくることはイコールではないのだ。

他業種とのコラボレーション

azabu tailor SQUAREのデザインには、それまでアパレルの店舗をデザインすることで培った経験をあますところなく注ぎ込んだ仕事になった。

当時、アパレルの空間デザインでは、他業種とコラボレーションすることの効果が出はじめていた。たとえばそれまで店舗に設置する家具は既製品を置いていたところを、家具デザイナーに発注してきちんとした家具を置いてもらう、そういう流れが出来てきていた。分業制というよりは、空間をより豊かにするための方法で、空間デザイン全般でそうした動きが主流化しつつあったが、とくにアパレルは進んでいて、その最前線で仕事をしていた自分は、だれになにを頼めばいいのか、なにを頼めるのかという情報をいち早くつかむことができていた。

azabu tailor SQUAREでは家具・什器、照明、植栽、アート作品のすべてを、信頼で

AZABU THE CUSTOM

きるパートナーに発注している。もちろんデザインと方向性は自分で決めるのだが、最終的にそれを具現化してもらうところを他者の手に委ねなければならない。

さきほどのモニュメントも例に漏れない。私のイメージしている質感や表情を実現するために、昔からつきあいのあるD－9というアート作品をつくる会社に依頼をしている。家具・什器については、とくにレジ台などお店の「顔」になるものにかんして、あたらしさが先行するよりは伝統や様式を重んじるような肉厚な什器をということで依頼した。

照明プランも同じで、azabu tailor SQUAREでは店内でラインごとにシーンを区切る必要があるため、パースを見てもらいながらこちらが求める光の演出を説明している。今回は天井の一部を抜いてスケルトンのまま露出させている。そうすることで、モルタル貼りしてある部分とのレベル差ができて天井が高く見え、空間全体が収まる。その抑揚に合わせて、照明プランも空間をまんべんなく照らすのではなく、光が欲しい部分にしっかりと光をあて、逆に要らないところはすっぱりと抜くようにお願いした。各シーンが浮かび上がるのと同時に互いが干渉しないようにできるし、なにより空間にメリハリが生まれる。

他業種の専門家の力を借りることで、コンセプトである「コジー」が具体化してくる。

空間デザイナーは図面を描いたその先に、具体的にどんな空間を立ち上げるのかまでを、リアルにイメージできなければならない。そのとき、仕事を通じてどのようなネットワークを築いてきているのかは、空間の質に直結する要素になる。

エントランスのストーリー

azabu tailor SQUAREでもうひとつ考えなければならなかったのはエントランスだ。店舗の立地についてはすでに触れた通りで、エントランスが特殊なかたちになっている。コンビニエンスストアの脇から入店しなければならないため、まずエントランスに入ってもらうまでの動機づけが必要になってくる。

コンビニエンスストアは通常、店舗の外壁部分をガラス張りにし、その上にブランドのトレードカラーパネルが配置されている。azabu tailor SQUAREのエントランス外壁にも、そのカラーパネルがまわり込んでいるのだ。このカラーパネルに負けないようなディスプレイをどうやって実現するのか。

自分が考えたのは、ショウウィンドウの位置を低くすることだった。ふつうショップのショウウィンドウはやや見上げるように、少し高めの位置に設定されている。通りを

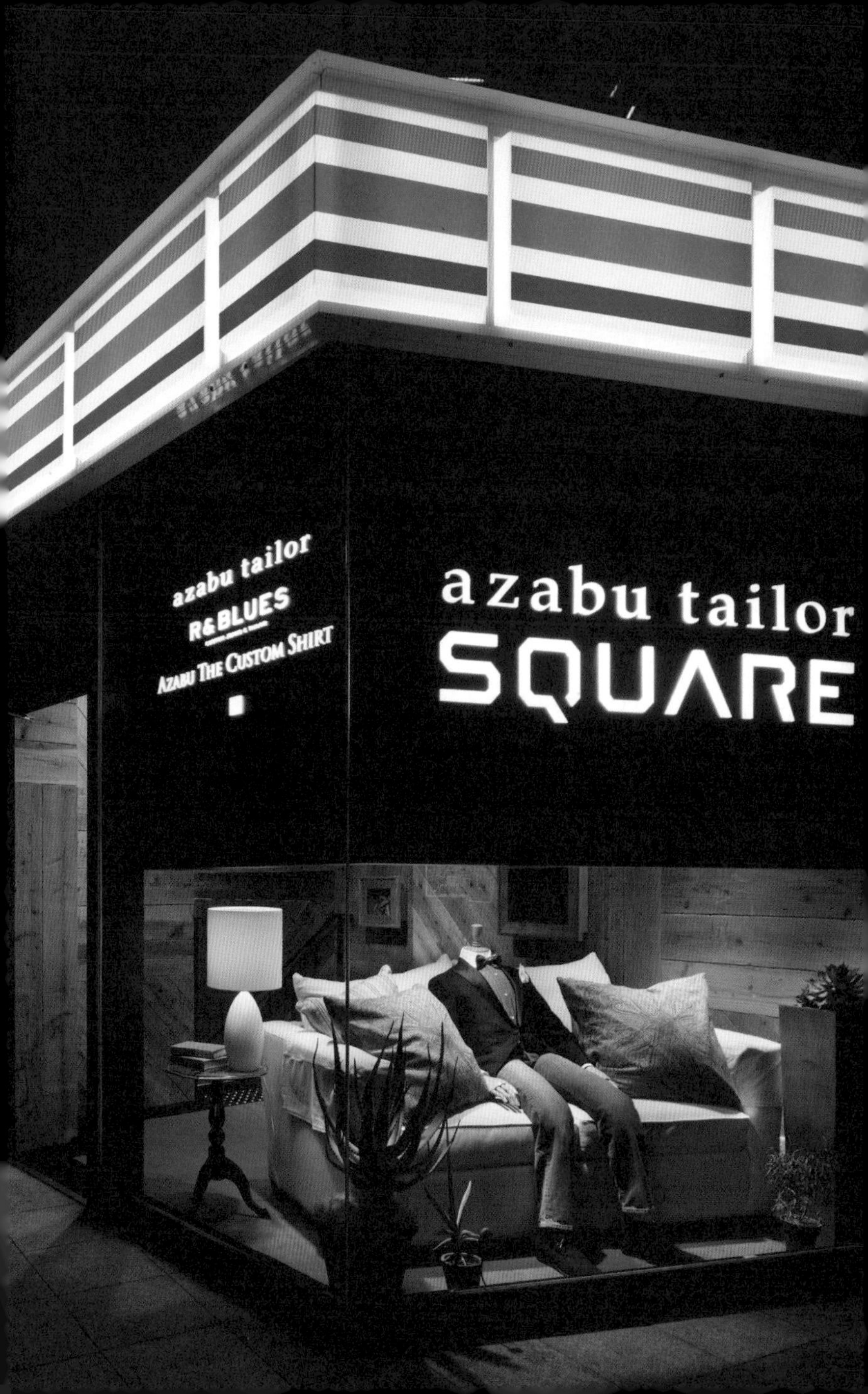
azabu tailor
R&BLUES
AZABU THE CUSTOM SHIRT
azabu tailor
SQUARE

現場で描いたフロアマップ

azab

歩く人が、少し離れた場所からも発見しやすいように考えてそうされているのだが、azabu tailor SQUAREはオーダーアパレルでもあるという性質を考えると、大量に人を呼び込む必要はない。むしろその方向性は切り捨てて、地階にある店舗空間との連動性を第一に考えることにした。ウィンドウが低い位置にあることで自然と視線が下がり、その奥にある地階への階段へと目がいくようにしたのである。床に真っ赤な絨毯を敷いたことも、視線の誘導に一役買っている。

またウィンドウを低くすることで、外壁のサインデザインにもスペースを確保することができた。外壁最上部にはコンビニエンスストアのカラーパネルがすでに設置されている。そこでサインを大胆に大きくし、かつその上下を黒をベースとすることで、シックでいながら重厚な壁面にした。カラーパネルに対して表面積で上回るスペースを確保し、カラーリングでも対抗することで、エントランスへの動機づけが成功した。

エントランスから店舗空間の階段へとつづく廊下にも工夫を加えてある。壁面にはほんものの古材を、リズムが出るけれど規則性を感じさせない程度にはランダムにレイアウトした。また階段の手前の壁にチョークでラフな平面図を描き、各シーンと関連づけたアート作品を額に入れて飾りつけた。店舗が地下にあるため外部からなかの様子はうかがえないが、階段の手前で地上と地下をつなぐ要素を示すことで、お客さんが不安を感じることなく入店できるような演出をしたのだ。

信頼に応えるために

azabu tailor SQUAREはデザインから施工まで、一貫して自由にやらせてもらうことができた。デザインの発想を展開するとき、クリエイティブを事前に抑止せずにできたのだ。

最初の打ちあわせで貞博さんが示してくれた信頼は、その後、仕事のどの場面でも揺らぐことがなかった。それは貞博さんが無闇に信じてくれたからでも、デザインを丸投げしたからでもない。場面場面できちんとした手順を踏み、そのつどデザインの意図を丁寧に説明してきたからだ。

空間デザイナーに発注するはじめての仕事だから、先方にはあらゆるノウハウがない。だからどんなに細かいことでも、かならず彼らに説明するようにしていた。空間デザインに携わる人間にとっては説明不要なことも、いちいち言葉にして伝えた。それは非効率的なことかもしれない。長くはない作業時間のなかで、効率的に物事を進めたほうが経済効果は高まる。しかし、貞博さんが最初に示してくれた信頼に応えるには、デザイン面でのことはもとより、仕事の進め方でも、けっして相手を侮らず、どこまでも誠実に対応していくことしかできないと考えたのだ。azabu tailor SQUAREの設計では、デザインを差し戻して絵を描き直すことは一度もなかった。信頼に信頼で応えあう理想的な関係を築くことができたのだ。

２０１2年3月にオープンしたazabu tailor SQUAREは、旗艦店としていまもにぎわいを見せている。

事例4
店舗のコンセプトづくりからかかわる「両国橋茶房」

カフェ

JR両国駅旧駅舎のリニューアル

これまでも数多くの飲食店を設計したが、JR両国駅に隣接する商業施設「－両国－江戸NOREN」のなかにある「両国橋茶房」は、コンセプト面でも技術面でも、これまでに培った経験をうまく反映させることができた案件だと思っている。

ジェイアール東日本都市開発（JRTK）の依頼でデザインした「2k540」が縁になった仕事だ。JRTKが新規開発事業を手がけることになり、その対象となったのがJR両国駅の旧駅舎のリニューアルだった。旧駅舎はもともと両国橋駅という名称で、かつての総武鉄道が1904年に開業させたもの。千葉と東京西部を結びつけるターミ

両国駅

駅前ロータリーから望む

そば

甘味処

►土俵のある商空間

ナル駅として活躍し、１９２３年の関東大震災にも耐え抜いたが、利用者の増大にともない１９２９年に現在も使用されている新駅舎が建てられたことで役目を終えた。以後、旧駅舎は保存され、観光名所として活用されてきていた。

ＪＲＴＫの新規開発事業は、この旧駅舎をあらたな商空間として生まれ変わらせるもので、そのキーコンセプトとなったのが「江戸食」だった。江戸食とは、うなぎ、すし、てんぷら、そばなど、いわゆる江戸の地元料理のこと。両国は江戸食発祥の地として知られており、ＪＲＴＫは新規事業開発にあたりこの食文化に軸足を置くことにしたのだ。

ＪＲＴＫは通常、工事会社と連携して事業を進めていくのだが、今回のプロジェクトは江戸食を中心に江戸の街並みをつくることが肝心になる。そこで意匠的な要望に応えられるデザイナーを探すことになり、２ｋ５４０での実績がある自分に依頼が来たのだ。

旧駅舎のリニューアルデザインは江戸の街並みを再現するということで、すでにコンセプトは明確化されており、デザイン自体はスムースに進んだ。中央にあった土俵はそのまま残し、吹き抜けを利用した空間の広がりの周囲に、江戸食の伝統を継承しているテナントを配置する。テナントの誘致はＪＲＴＫの開発担当者・野口宏さんが自分の足で歩いて見つけてきた店舗だ。野口さんはもともとホテル事業を担当されていたが、新規開発事業にあたり責任者に任命されていた。とても熱心で真摯に働かれる人物で、コンセプトの立案から私たちと協議を重ねてくれた。

改修工事は駅舎の解体からはじまる。なにぶん歴史のある建物なので、構造として残せる部分と残せない部分を手探りで確認していく。抜けると思った壁が抜けなかったり、抜けないと思っていた壁が抜けたり。床を掘り起こしてみると隠れた高低差が見使ったり。そうした予想外の事態も含め、建物を丁寧に裸にしたところから、テナントの区割り、各店舗の設計がスタートするのだ。

入り口のすぐ脇にはJRTKの直営店を構えることが決まっていた。この直営店こそが両国橋茶房になるのだけれど、リニューアル工事に着手した時点で決まっていたのは和喫茶ということのみで、どういうお店にするのか、なにを販売するのかなどはまったくの白紙状態。旧駅舎のリニューアルデザインをするなかで野口さんから相談を受け、このスペースの空間デザインも自分が担当することになったのだ。

江戸の歴史を感じさせる和喫茶

この仕事が通常の店舗設計と異なっていたのは、そこでなにをするのか、その部分から空間をづくりがはじまった点にある。ふつうクライアントにはやりたいこと、実現させたい思いがある。要するに店舗をつくる目的があって、空間デザイナーはクライアントのその思いを具体化し、実際の空間として実現することが仕事になる。だが今回クライアントがもっていた初期設定は「新規事業をする」ことで、その新規事業でなにをするのかは、和喫茶という業種以外は空洞のままだったのだ。

ではなにをやればいいのか。和喫茶といってもいろいろなタイプがある。いわゆる甘味処のようなものにするのか、それとも純喫茶風がいいのか。事業の方向性を定めるところからのスタートとなった。

足がかりとなったのは、旧駅舎のリニューアルコンセプトである江戸食。和喫茶にあたる江戸食文化はなにかと考えたとき、浮上したのは茶屋だった。江戸時代の両国には茶屋が軒を連ねていた。各地から江戸を訪れる人たちは、両国橋を通って江戸の街へと入っていった。鉄道も車も、ましてや飛行機もない時代、人びとは徒歩で、何時間も何日もかけて移動した。ようやく目的地である江戸の街が見えてきたとき、長旅の疲れを癒やし、一息つく空間として、両国橋の茶屋は人気を集めていたという。

野口さんが集めたテナントは、江戸食文化をきちんと継承している店舗だ。旧駅舎もできるだけ昔の構造を残し、そこに江戸の街並みを再現している。つまりこの空間には、江戸食という伝統文化、旧駅舎という歴史的な建造物があり、それらをいまの時代に継承しながら、これから先の未来へ向けてあらたなにぎわいを生みだす役割がある。過去、現在、未来をつなぐ。そんなコンセプトに適した和喫茶の形は、江戸時代に栄えた茶屋の面影をしのばせる茶房がふさわしい。歴史を継承する意味も込めて、「両国橋茶房」と名づけることに決まった。

天高を活かす古民家の通り土間

名前とコンセプトが明確になったところで、いよいよ実作業に移っていく。ただ、いわゆる店舗デザインとちがって、両国橋茶房では平行してメニュー開発もする必要があった。茶屋文化を継承した現代の茶房にふさわしいメニューをどう生みだせばいいのか。そこでこうしたメニューの開発実績があるフードスタイリストに依頼することにした。お願いしたのは塚本英理子さんと出原しずかさんで、塚本さんは京都宇治のお茶専門店「辻利」のカフェメニューを開発した経験がある。アパレルの空間デザインで他業種の専門家と組みながら仕事をしてきた自分は、しっかりとした技量のある専門家とコラボレーションする効果を十分に理解していた。それは飲食店にも応用できることだし、なにより両国橋茶房のデザインはブランドから立ち上げていく類いの仕事だ。メニューはその根幹になる。信頼できるプロフェッショナルにお願いすることが最善と考えられた。野口さんと塚本さん、出原さんを中心に、メニュー開発は進んでいく。野口さん自身、全国の和喫茶を食べ歩くほどの甘味好きということもあって、このチームは見事に駆動してくれた。つぎつぎとメニューの内容が決まってくる。いい仕事にはさらにいい仕事で応えたい。空間設計にも自然と力が入ってくる。

空間デザインにあたっては、駅舎の構造的な特性を捉えるところからはじめた。まず旧駅舎は中央に大きな吹き抜けがあるつくりのため、天井がかなり高い。また商業用につくられたものではないので建物の奥行きもある。区割りをしてみると天井高のある、細長く奥行きのある空間になった。この空間特性を活かす設計はなにか。デザインのヒントになったのは古民家の通り土間だ。

通り土間は天高があって細長い。また土間を抜けた先には空間が広がっている。それがちょうど両国橋茶房の空間構成と重なる。そこでまず店舗の入り口にはカウンターを設け開放感をもたせ、細長い通路には2人がけの対面式のテーブルを置き、最奥部の広がりのある空間には小上がりを設けてややレベルを上げ、空間ごとにシーンが切り変わるように意識した。

通り庭を模した店舗内

両国橋茶房

古材を活用して過去と現在をつなぐ

また構造だけではなく、素材でも可能なかぎり古材を使うように心がけた。古材を用いることで歴史性を感じる空間を実現できるし、通り土間というモチーフも際立ってくる。とはいえ、予算や工期は限られている。すべてを古材でまかなえるわけではないから、新しい素材も使わなければならない。つまり、使いどころが肝心になる。

古材を使うのは、空間のなかでも大きなポイントとなる天井と、壁面にレイアウトするアートワークにしぼった。

両国橋茶房は、建物の構造上、天高になっていることにはすでに触れた。天井が高いとそれだけ開放感があるが、反面、そのままにしておくと空間全体に締まりがなくなってしまう。住居空間であれば、吹き抜けなどを設けて天井を高くすることで空間の緊張感を和らげることに大きな効果があるが、飲食店の空間設計ではむしろおさえが必要になる。そこで古材をつかって、ボリューム感のある梁を設けることにした。古材をそのまま使うことで存在感をもたせるのだが、このとき、素材の組み方に少しアレンジを加えてモダンな様式にしている。そうすることで、たんに古材を使った伝統的な梁として

▲アーティストと共同で製作したアートワーク

ではなく、よりデザイン的な意匠として機能するからだ。天井部にボリュームをもたせることで、空間全体に落ちつきを与えることができる。

壁面のアートワークはストレートにお茶をテーマにしている。担当してくれたのは、アーティストの寺江隆志さん。ディスプレイデザイナーでもある寺江さんとは、これまでも仕事をしてきた仲だ。

ここでは古い茶道具を集めてコラージュすることにした。実際に使われていた茶器やお茶の指南書、茶簞笥、茶菓子の包み紙などを、寺江さんがもっている骨董屋のルートなどを活用して集める。かつて使われていた道具には、素材を加工したのでは得られない重みがある。古材を使うときは、そうした古材ならではの魅力を損なわず、でもただレトロなだけの懐古趣味に陥らないように、いまの時代にふさわしい意匠を施す工夫をする。両国橋茶房のアートワークの場合は設置する場所ごとにコンセプトを設けてコラージュし、立体的な構成を壁面にかけることで、コンテンポラリーな演出につなげた。コラージュの構成内容は事前に何度もシミュレーションしていたが、現場でレイアウトする際にはその場で再度検証しながら設置する必要がある。実際の空間にかけてみないとわからないことがあるからだ。最終的にはシミュレーションよりも要素を間引いた形に落ちついた。

伝統技術をリミックスして活用

壁と照明には現代の素材を使っているが、加工は伝統的な技術を採用している。壁面の塗りは版築《はんちく》だ。版築は土を突き固めて建材に仕上げていく技術で、古代中国で生まれた。日本でも古墳時代から使われており、表面に土を固める際に用いた枠板のあとがラインとして刻まれ、それがそのままアクセントになる。その版築の技術を壁面の塗りとして応用した。

版築は本来横に細長く土を積層させていく技法だが、壁表面の塗りとして展開するために、大胆に斜めのラインにすることにした。そのほうが視覚的なダイナミズムが生まれるし、伝統的な技術を現代的な内装空間にリミックスする際の、ひとつの方向性を打ちだせると考えた。こうした形で版築を実現する技術力のある左官職人にお願いして実現した壁面だ。

それと、壁面にはもうひとつ別の技法も組みあわせている。木材を貼る壁面の木パネルに、なぐり、という加工技術を使っているのだ。なぐりは茶室や数寄屋建築によく用いられる技法で、丸太や板などの木材の表面に、釿《ちょうな》という大工道具で凹凸をつけていく。

両国橋茶房

両国橋茶房
橋茶房

この凹凸が、いわゆる「味」として木材の表情を豊かにし、また光をさまざまに反射させることで複雑で美しい陰翳を生みだす。現代では、なぐりは手作業以外に機械を使ったいくつかのパターンとして利用できるようになっている。既存のパターンを使えば予算を抑えられるが、すべてを同じ柄にしてしまったのではリズムが出ない。そこでいくつかのパターンを組みあわせることにした。そうすることで工費をおさえつつ、木パネルを貼った壁面に複雑な表情を実現できる。

照明も、店内をやわらかな灯りで照らしだすために、シェードを竹細工にした。日本的な素材から和紙や古布も考えられるが、遮光性が高過ぎるのと、入手経路も含めてコストが上がってしまう。それにデザイン的なアクセントとしても弱い。比較的安価な素材を使いながら、両国橋茶房のコンセプトにふさわしい技術を探していたところ、見つけたのが竹細工だったのだ。

竹は柔性と耐久性、加工性にすぐれた素材だ。江戸時代はいうに及ばず、縄文時代から生活のなかで利用されつづけている。茶道具の茶筅のように細かな加工を施した竹製のシェードをつくれれば、ほどよい遮光性がありながら空間のアクセントにもなり、また両国橋茶房のコンセプトとも一致する。リサーチを重ねた結果、創業100年を誇る老舗の竹細工屋と出会うことができた。その工房はこうした依頼ははじめてだったというが、こちらの要望に対して真摯に、真剣に取りくんでくれた。自分たちの提案に対しても、否定するのではなくむしろ職人的な見地から改良案を出してくれたり。そうした職人たちの前向きな熱意に動かされ、自然と工房へ通う頻度も増えていった。お陰で非常に満足のいくクオリティのシェードを実現することができたし、いまでも仕事を発注する関係を築けたことは、大きな財産になっている。

素材、技術、歴史、そして現場の含めた関係性を集約させて、両国橋茶房はオープンした。幸い反響も大きく、観光客だけではなく、地元の方々が集まるスペースとしても活用してもらえている。アートワークについて尋ねる人も多いらしい。この先ここからどのようなにぎわいが生まれてくるのか、とてもたのしみにしている。

事例5 現場にコミットし、精度を高める「Hayama Natural Table Bojun」

レストラン

さまざまな表情を見せる

空間デザインをした飲食店にはオープン後に通う頻度が高くなるため、どの仕事にも思い入れがあるが、そのなかでもとくにつよい思いをもってつくった店舗が「Hayama Natural Table Bojun」である。

クライアントはCHAYA マクロビフーズ。江戸時代中期の料理茶屋がルーツという日影茶屋グループから独立した会社で、神奈川県の湘南・葉山の食材にとことんこだわったマクロビオティック料理を提供している。Bojunは同社が展開するマクロビオティックをベースにしたイタリアンレストランだ。

「まるごとにっぽん」の空間デザインをしているとき、レストランフロアのテナント誘致でBojunが候補のひとつにあがった。浅草寺の五重塔と東京スカイツリーが一度に臨める一等地に、どのような飲食店を入れるのがいいのか。まるごとにっぽんが考えたのは、それまでの浅草にはあまりないような、感度の高い食材を使った料理を提供する飲食店。そこでBojunに声をかけたのだ。

Bojunの空間デザインでも、それまでに培った経験が生きた。たとえば天井材として使われていたアンティークのパネルを壁面の一部に設置するアイデア。パネルそのものは天井のアクセントとして使用されていたもので、表面にはレリーフが施されているためフラットではない。通常、壁面に利用する発想にはならないが、金物でしっかり固定すれば安全に利用でき、意匠としても映える。Bojunでは白く塗装してシックな表情に仕上げた。

このデザインを実現するには、パネルが天井以外にも利用できることを知っていて、さらに年代物のパネルを扱っているアンティークショップとのルートをもっている必要がある。丹青社時代も独立してからも、オールジャンルで仕事をしてきた自分は、経験からそのどちらの要素ももっていた。

Bojunの空間をデザインするとき意識したのは、あえて創作性を感じさせることだった。素材にも調理方法にもこだわり、しかもその商空間でもっともいい立地にあるレストランにふさわしい空間の質を考えたとき、全体的な調和を取りながら、チャレンジングなしつらえであることがふさわしいと思えたのだ。

壁面にパネルを用いたように、いろいろな素材、形を組みあわせ、ひとつの空間のなかでさまざまな表情が現れるように設計している。床、柱、壁、家具、照明のシェードなど、それぞれに材質を変えた。単体で見れば関連性のないものをバラバラにならないようにつないでいくデザインは、空間を編集するようなイメージでおこなった。

また空間の要所要所にモザイクタイルやイタリアの漆喰であるアンティコスタッコを使うことで、イタリア料理店であることが感じられるように気を配っているが、極力使用は控えた。型にはまった「イタリアンレストラン」の雰囲気を避けるためだ。現代らしい切り口で素材をミックスしていることこそが、この空間のつよみになっている。

床の仕上がりにもこだわった。床は利用者全員がかならず目にし、空間全体の雰囲気にも大きく作用する部分だ。既製品を使うのではなく、存在感のあるオリジナルなものを用意したい。そこで古材を框《かまち》状に組んでパネル化し、木材の表情がそのまま柄になるようにした。

どの席でも同じ体験を

レストランなど、食を扱う空間をデザインするとき、プランの大原則として大切にしているのは、どの席についても同じ体験をできるようにすること。提供される料理は同じ価格、同じ品質なのだから、席によって体験する価値に差が出ないようにしたい。主役は料理で、その料理をたのしめるような非日常的な空間をどれだけしっかりとつくれるか。

非日常を演出し、客席での体験を等価なものにするためのキーポイントは家具と照明だ。どちらも信頼のできるパートナーにお願いをした。

家具はMAKE AND SEEの松尾真之介さんに。松尾さんとは丹青社時代から、まだ彼が家具会社に勤めていた頃からのつきあいだ。テーブルや椅子のセレクトをお願いしたところ、店内エリアによって形状と材質の異なるセットを用意してくれた。Bojunの空間デザインのつよみを理解したうえで、最良の提案をしてくれたと思う。

照明はOn & OFFの山口晋司さんに。レストランの空間デザインにおいて、照明が果たす役割は大きい。レストランでは利用者のニーズに合わせてテーブルが動く。一対一の対面式テーブルをくっつけることもあるし、空いている時間帯であれば4人掛けのテーブル席をひとりで使うこともある。あらゆるシーンを想定し、必要な場所に必要な灯りが届くような照明計画が必要になる。加えて使用する器具やシェードについても、空間のコンセプトを理解した提案をしてもらいたい。山口さんはこうした要求に、高いレベルで応えてくれた。客席を照らす照明は広いシェードをもつものにし、多少テーブルが移動しても影響がないように。逆に通路の照明は照射範囲をしぼりドラマチックな演出にし、ガラスのシェードを使うことでシェードに反射した光が天井に模様を描きだす。壁面のパネルの凹凸を拾い、下から浮かび上がらせるライティングも見事だった。

平面プランそのものも練り込んでいる。通路状の区割りを無理なく活かしながら、最奥部にあるスペースのレベルを一段下げることにした。この高低差が大事で、物理的な間仕切りを用いなくても、そこで空間を切り替えることができる。レベルを下げたスペースに置く椅子はシートも少し下げており、視線がさらに低くなるようにした。その視線の低さが、ゆったりとしたくつろぎを感じさせてくれる。

ただし、最奥スペース以外は利用者と店舗スタッフの目線の高さを揃えるようにしている。店舗側の視線が高いと利用客が威圧感を抱いてしまうためだ。しかしすべてをフラットにしたのでは空間的な盛り上がりに欠ける。そこでBojunではエントランスから

HAYAMA

HAYAMA NATURAL TABLE
Bojun
HAYAMA NATURAL TABLE
Bojun

客席通路までの短い区間でレベルを2段上げることにした。こうすることで客席につく時点で視線レベルが上がりきった状態にできるし、店外と店内の雰囲気を明確に変えられる。また奥のスペースでレベルを下げたときの効果もあがる。

また最近のレストランのあり方として、厨房を見せる空間が主流になってきている。食にある種のエンターテインメント性が求められるからだろう。素材や調理の手さばきにも注目が集まる。Bojunでも焼き場や盛り場を客席から眺められるように設計した。

アパレルもそうなのだが、飲食店はそのときどきのトレンドをどの程度取り入れるのかが大事。トレンドばかりが目立ってしまうのはいけないが、かといってクラシックなままでも物足りない。トレンドの取り入れ方にも、空間を編集する力、つまり異なる素材を適確に配置し取りまとめる能力がかかわってくる。

現場の難しさ

さまざまな素材を組みあわせ、信頼できる仕事上のパートナーたちとも協働し、自分としても立ち上がる空間に自信をもっていたのだが、実際に施工がはじまると現場は難航した。はじめて組む施工会社だったため、こちらの意図がうまく伝わらないことはある程度覚悟していたのだが、最大の問題になったのはデザインの複雑さと工数だった。

素材、加工、組み方、設置方法、そのすべてに手を尽くした。細部に行き届いた設計を実現できたが、現場の職人にとってそれらはすべて手間になる。たとえば床パネルに使う古材にしても、通常のルートでは手に入らない。そのためこちらで古材を扱っている業者を紹介し、そこから材料を仕入れてもらうように仲介するのだが、施工会社にはふだんとは異なる手続きを強いることになる。そうしたことのひとつひとつが、たとえどんなに小さなものであっても、現場にとっては手間になるのだ。

空間デザインの現場はシビアだ。限られた予算で工期内に空間を仕上げなければならない。施工会社が参照するのは空間デザイナーが描いた図面だ。空間デザインにおいて、図面は設計と施工をつなぐ唯一の共通言語であり、また契約時・発注時なども含めて、オフィシャルな書類としても機能する。その図面も、現場がはじまるまでのあいだに何度となく修正が加えられる。その過程をクライアントと施工会社と空間デザイナーとでうまく共有できていないと、いざ現場に入ってから齟齬が生じることになってしまう。はじめて組む施工会社の場合、この部分のコミュニケーションがうまくいかないことが多いのだが、Bojunの工事ではそれに加えて、いま述べたように通常の仕事と比べ込みいった段取りが必要な部分が多かった。

空間デザイナーが現場に通うのは、図面通りに施工がされているかを確認したり、現場で職人たちからの相談や疑問、提案に答えるためだ。図面をいくら精巧に描いても、現場に入ってみないとわからないことがかならずある。とくに色見やテクスチャなどの図面には現れない要素は、現場で仕上がりを確認しながら、設計時にイメージしていた状態に寄せていくことになる。平面と現実のギャップを埋めるために、職人の経験や技量に助けてもらいながら細かな変更を指示していく。このとき、たんにこちらの要求を押しつけるようなことをしてはいけない。職人は時間もコストも厳しい制限のなかで仕事を進めてくれている。彼らの工数をいたずらに増やさずに、対応可能なぎりぎりのラインを見定めて提案をする。そこにあるのは人間同士のかかわり。互いに敬意をもって協働できるように相手を見て対話をする。そうしたやりとりの結果が、空間のディテールや仕上がりに反映されてくる。だからこそ職人とのコミュニケーションは重要なのだ。

Bojunの空間構成は複雑で、自分としてもいつもの仕事以上に現場でのやりとりが果たす役割は大きくなると考えていた。そのため足しげく通ったのだが、どうも雰囲気がよくない。はじめて組む施工会社だったので最初は仕方がないと思っていたのだが、いくら現場に通ってもその空気は一向に変わる様子がない。なにかがおかしい。原因を探るべく現場の様子をつぶさに観察していたところ、どうもデザインに起因する手間が負担になっているようだった。

たしかにこの空間を立ち上げるには大変な手数が必要になる。施工を請け負った以上はしっかりと仕事をしてもらわなければならないが、一方で、施工会社によっては創作的な空間づくりを得意とする会社、現場での作業効率に定評のある会社など、それぞれに特性がある。効率を優先する会社の場合、Bojunのような複雑な要素が絡みあう空間の施工は大きな負担になることも理解できた。だから現場では職人が判断を迷うことがないように、取りつけが複雑な部分などについてはスケッチを描いて丁寧に説明するなどサポートを厚くして、彼らの負担が軽くなるように努めた。だが、壁材のパネルの色がどうしてもあわない。Bojunの木壁は店舗空間の要だった。クライアントもデザイン画のイメージに近い仕上がりを望んでいる。イメージを寄せるように伝えても、現場は動かない。現場監督とも何度も話しあったのだが、図面に載っていないことはやれないしやらない、とまでいわれてしまい、打つ手がない。

施工会社とのミスマッチ

悩みに悩んだ末、自分たちが現場に入って作業することにした。現場の現実のなかで、すべてを図面通りに実現できないことはわかっているが、できることをおろそかにして空間の感度を下げてしまったのでは意味がない。

　正直なところこれは最終手段で、空間デザイナーがみずから現場に手を加えるのは異常事態だ。現場を担当している職人からすれば、けっして気持ちのいい状況ではない。

　こうしたことはなるべく避けるようにしているが、残念ながらゼロにすることは難しい。そもそも空間デザインの座組みとして、施工会社は自分たちで決められないケースも多いのだ。設計、施工にかかる費用はクライアントが提供する。クライアントとの関係で施工会社が決まることがままある。そのこと自体を否定するつもりはないが、施工会社にもそれぞれ得意とする業種業態、空間の規模などがある。そのためクライアントとの関係だけで施工会社が決まってしまうと、ミスマッチにつながる危険性が高くなる。

　自分たちはオールジャンルに空間デザインをしているから、その空間にふさわしい施工会社を知っている。その経験を活かし、最近はクライアントに対して施工会社を紹介して、なるべく自分たちと組んだことのある人たちと仕事ができるような座組みづくりに取りくんでいる。まだまだうまくいかないことも多いが、このやり方が浸透すれば、空間デザインの精度をもっと上げることができるはずだ。

　複数の会社や他者と協働することもそうだ。丹青社に勤めていた頃は、基本的に空間

デザインは一社で完結していた。だが、現在では大手であってもさまざま会社と組んで仕事をしている。それがいまの空間デザインのあり方なのだが、当時はまだ各ジャンルで目立った仕事をする独立系事務所が不足していたのだろう。この10年ほどで空間デザインを取りまく環境は大きく変化していることがわかる。その変化についていきながら、どうやってあたらしいことに挑戦していくのか。これからの空間デザイナーには、まだまだやれることがあるはずだ。

Bojunの仕事は、そういう意味でも自分にとって特別なものになった。もちろん、自分たちで仕上げた壁面も含めて、精度の高い空間を実現できていると思う。

事例６
静と動の劇的空間
「タケヤ オフィス」

オフィス

ふたつの制約

独立して最初にデザインしたのが、靴の製造から販売までをおこなうシューズメーカー・タケヤの店舗とオフィス空間だ。丹青社時代に数件のショップデザインを手伝ったことがあり、自分はサブデザイナーとしてかかわっていたのだが、そのときの仕事を評価してもらい、独立してすぐに声をかけてもらった。

タケヤの創業は１９４０年。東京・高円寺で靴の製造・販売をしたことがはじまりである。第二次世界大戦の空襲で高円寺の店舗を焼失したあと、郊外の青梅市に疎開し、その地で靴の注文製造と修理をおこなう店舗を開業する。やがて靴の小売りに力を入れるようになり業績も伸び、1960年には店舗のチェーン化も実現。現在はレディースやキッズ向けのブランドも開発し、幅広く活動している。

そのタケヤが原宿に直営ショップとオフィスをオープンさせることになり、自分に依頼が来たのだ。そのうのちオフィスデザインは、独立して最初に空間デザインに関する賞を受賞したこともあって、自分としても思い入れの深いものになっている。

社長である岸澤陽一郎さんからのオーダーは「ほかにはないオフィス空間を実現してほしい」というものだった。あたらしくオープンさせるオフィスは社長室も兼ねており、タケヤの企業理念が空間に入ったその瞬間にわかるものにしてほしいという意図があった。ヒアリングをしてみると、来客はデベロッパーが中心らしい。デベロッパーとは、簡単に説明すると大規模商業施設の開発業社で、施設の開発だけでなくその管理、運営もおこなうことが多い。ここにはテナントの誘致も含まれる。マルチブランドを展開するタケヤにとって、デベロッパーに自社を印象づけることには大きな意味がある。オフィス空間の設計に力を入れるのもうなずける。

タケヤのオフィスデザインにはいくつかのクリアしなければならない条件があった。まず予定されている物件がマンションのなかの一室であるということ。つまり近隣環境との調和を図らなければならない。

もうひとつの条件は予算。この案件は店舗開発予算とは切り離されているため予算が非常に限られていた。どれくらいかというと、同じ規模の空間デザインをする場合のおよそ半分程度。当然、デザインにも制約がかかることになる。

このふたつの課題を解決しながら、質の高いオフィス環境をどうやって実現するのか。

驚きを生みだす

周辺環境との調和を図るため、思い切ってエントランスには手をつけないことにした。そのため外からはほかの住居と同じ見た目になる。だが扉を開けて視界に飛び込んでくる絵はちがう。そこには真っ赤なシューズボックスが床から天井までびっしりと積まれている。静と動、ソトとウチ、エントランスを挟んで空間の質を劇的に変えることで、来客者に驚きを与える。

ふつうオフィス環境は、作業に集中できるように白もしくは灰色など、落ち着きのある単色で統一されている。だがタケヤ オフィスはオフィスであると同時に社長室でもある。タケヤのチャレンジスピリットを体現したスタイリッシュでユニークな環境に仕上げるために、基調としたのは赤と黒。扉を開けた玄関を赤く、バックにあるオフィス空間は黒く塗装した。いずれも色彩的につよいトーンだが、そのコントラストが空間にメリハリを生む。

玄関に設置したシューズボックスは、タケヤが靴の小売り業をしていると一目でわかってもらうためのモニュメンタルなディスプレイだ。当初、実際に靴箱として使用可能な設計を考えていたのだが、そうした機能性をもたせるよりも、ディスプレイとしての意匠を優先させることにした。下部と上部に照明を取りつけて室内空間を明るく照らす。またディスプレイの対角には壁一面のミラーを設置、空間に視覚的な奥行きをもたせた。玄関を通り打ちあわせスペースまで移動するわずかな距離と時間で、タケヤが細部にこだわりをもった意欲的な会社であることが伝わるデザインを実装できたと思っている。

知恵をしぼった素材の選択

空間デザインの軸をディスプレイの意匠に置いたこともあり、施工に残された予算はわずか。そのため内装のデザインは最低限にとどめざるを得ない。あらたに壁を設置するなど、構造的な部分に着手することは困難だが、来客やスタッフの導線をコントロールするには間仕切りが必要だ。

エントランス玄関

打ちあわせテーブルからデスクを望む

この難題を解決したのがストリングスカーテンだった。ストリングスカーテンにはゆるやかに境界をつくりだす効果がある。タケヤ オフィスはけっして広くない物件だったため、これを採用すれば圧迫感を出すことなく、ゆるやかなゾーニングが可能になる。いい素材はないかと探していたところ、リサーチのために出向いたパリ出張でたまたま良質な製品にめぐり会うことができた。日本の既製品よりも密度があり、使われている糸の強度も高い。これしかないとその場で大量に購入し、スーツケースに押し込んで帰国した。

オフィス家具については、岸澤社長に同行いただき家具屋をまわり、ひとつひとつ相談しながら購入した。またオフィス内に飾るアートワークも自分たちでプリントして額装するなど、工費を抑えるためにＤＩＹ的な工夫もしてある。

出来上がったタケヤ オフィスは、タケヤのブランドとしての情報を発信する場であり、またスタッフが働きながら情報を共有する場としても、しっかりと機能した。岸澤さんともしっかりとした信頼関係を築くことができ、その後もいくつかの仕事をご一緒することになった。

私は独立してから手がけた仕事にひとつずつ物件番号をふっている。独立してから今日までにつけた物件番号は１０００近くになる。タケヤ オフィスの物件番号はNo.17。

残念ながらタケヤ オフィスは移転したためこの空間はいまはないが、空間デザイナーとして独り立ちした直後にこの仕事をできたことは、自分にとって大きな財産になっている。どの案件も予算ありきで判断すべきではないという初心を思い返させてくれる案件だ。

事例7
時代の空気感を具体化する「ビシェス オペーク」　アパレル

アパレルの空間デザインから学んだこと

展覧会、イベント会場、アパレルショップ、飲食店、小売り店、オフィス、宿泊施設、大型商業施設……丹青社に勤めていた頃から現在まで、規模の大小にかかわらず、あらゆるジャンルの空間をデザインする機会に恵まれてきた。ひとつひとつの仕事が空間デザイナーとしての自分の成長につながっているが、この仕事をつづけてこられたのは、ロジカルな組み立てだけではなく感覚的な空間づくりが求められるアパレルの空間デザインを通じて得られた気づきや学びによるところが大きいと思っている。

アパレル業界にはシーズンごとに基調となるトレンドがある。そのときどきに主流となっているスタイルやカラーを反映した製品がつくられ、販売される。もちろん、どの業種業態にも流行は存在し、影響力をもっているが、アパレルではその移り変わりのサイクルが早い。一方で、時代を超えて変わることのない古典的なスタイルも存在しており、そちらもないがしろにはできない。トレンドとクラッシックのバランスのなかで、ブランドとして展開する方針を定め、さまざまな製品を生みだしているのだ。

そうした要素は、アパレルの空間デザインにも求められる。トレンドを取り入れ、その効果的な表現方法を模索し、魅力ある店舗空間を実現するためになにをなさなければならないのか。さまざまな素材を組みあわせたり、他業種のプロフェッショナルと協働して空間の質を高めていく手法は、アパレルの空間デザインから身につけたものだ。

自分がアパレルブランドの空間デザインを手がけるようになったきっかけは丹青社時代にある。ちょうど90年代後半から２０００年代は、アパレル業界の変革期にあたる。バブル経済が崩壊し消費活動が下火になった影響から日本経済全体が低迷、アパレル市場も例外ではなく苦況に立たされた。各社とも状況を打開するために従来の生産ルートを見直し、生産拠点を国外に移すなどコストカットを図ると同時に販売店を増やして売り上げの確保を狙う流れにあった。結果的には、ネット環境を支えるイノベーションと通販サイトの進歩によって、この方法はかえってメーカーの首をしめることになるのだが、当時はショップの新設が相次ぎ、アパレルの空間デザインは最盛期を迎えていた。

丹青社のなかでも急増する依頼に対応すべく、アパレルの空間デザインを専門に扱う部門が立ち上げられることになった。自分はそのサブデザイナーとして従事していたのだが、あるとき部長から、メインデザイナーとしてある案件を担当してみないかと声をかけられることになる。それが大手アパレル・ワールドの仕事だった。

そのときの仕事の内容は、ワールドが展開するブランドについてのもの。このブランドはもともとは同社が、フランスのデザイン会社アーキトラルに依頼して開発したブランドだ。アーキトラルはブランドのコンセプトや、そのコンセプトにふさわしいショップの環境条件などを記したマスタープランを描いたのだが、そのマスタープランにもとづいて実際の店舗の設計図を描くことが、私に課せられた仕事になった。

デザインをゼロから立ち上げるのではなく、すでにあるマスタープランを日本の商空間にフィットするように具現化する。ふだんとは勝手のちがう内容だったが、海外のデザイナーの空間に対する考え方を実地で学びながら日本の空間に落とし込む作業からは、多くの発見があった。海外に比べて基本的に狭小な日本の店舗スペースに、マスタープランをそのまま移植することはできない。要素を削ぎ落としながらプランの核となる部分を損なわずにおくために、デザインの軸を明確に打ちだすといった工夫を重ねた。

この仕事がその後しばらくつづくことになるのだが、あるとき３００平米ほどの店舗設計を打診されることになった。仙台駅直結の商業施設に入るワールド傘下のブランドの空間デザインだ。ワールドのなかでもカジュアル路線のブランドで、リブランディングにあたり駅ビル内に旗艦店を出店することになったのだ。以前の仕事が評価されて指名につながったことがうれしく、期待に応えたくて、とにかく全力でデザインしたことをよく覚えている。

完成した空間デザインは集客や売り上げ面でも結果を出し、クライアントから高い評価を得ることができた。その実績から今度はＳＣ（サービスセンター）内に展開する別ブランドの案件にも呼ばれ、そこでもきちんとした結果を出すことができた。

こうした仕事のおかげで、サブデザイナーからメインデザイナーとして、丹青社のなかでアパレルの空間デザインを任せてもらえるようになった。気がつけば、ワールドだけでなく他のクライアントの案件も担当するようになり、独立直前には丹青社で請け負うアパレルの空間デザインの多くを自分が手がけるようになっていた。

空間デザインの評価

そうした経緯があって、独立してしばらく経ったころ、ワールドから新規案件の依頼をいただいた。個人事務所に、大手アパレル会社が空間デザインを依頼するのは簡単なことではない。クライアントも社内稟議を通さなければならないからだ。だが、ワールドの担当者はそれをやってくれた。会社勤めをしていたときから、会社と会社ではなく、個人と個人の結びつきで信頼関係を築いてこれたからこそのことだろう。丹青社に話を通したところ、快く了解してもらえた。こういうとき、自分はつくづく人に恵まれているなと思う。

依頼されたのはエンポリアムという、ワールドのなかでも古参のブランド。ヤングカジュアル向けで雑貨アイテムも取り扱っている。多様なアイテムを扱うショップの空間デザインには、複雑さを簡潔にまとめ上げ、適確に配置する能力が求められた。店舗内をさらに小さなショップが集まっているかのようにデザイン、アイテムごとにエリアを構成する素材を変更することで空間の切り替えを明確にするだけでなく、ショップ内を周遊するたのしみを演出した。エンポリアムの空間デザインも好評を得ることができた。

出来上がった空間をどう評価するのかは難しい問題だ。もちろん造形面での出来不出来は存在するし、そこに腐心するのがデザイナーの仕事でもある。けれど空間デザインはそれだけでは完成しない。人に使われ、人が集まることではじめて空間が完成する。完成した空間の価値は、たとえば使い勝手のよさやその場が生みだすにぎわいなどとして現れるのだが、アパレルではシビアに売り上げに反映されることが多い。数ある店舗のなかからどうやって人を引き入れ、製品を手にしてもらうのか。ブランドのもつコンセプトに即し、魅力ある質の高い店舗空間を実現できなければ、たとえ造形的にすぐれていたとしても、空間デザインとしては成立していないことになってしまう。ワールドの仕事では、丹青社時代も通じてそういう意味での結果を出すことができていたし、そうした結果につながるように、とくにショップの顔となるファサードのデザインには重点を置いてきている。どんな立地にあっても、このブランドが出店しているんだ、このブランドがここにあるんだ、そういうことをわかってもらわないといけない。ファサードは店舗の顔なのだ。

エンポリアムにつづいて依頼されたのが、厳選したカテゴリーのアイテムを集めた女性向けのセレクトブランド「ビシェス オペーク」だった。ビシェス オペークの空間デザインは、それまでアパレルを手がけてきた仕事の集大成的なところがあって、とくにファサードのつくりには力を注いだ。

店舗が入るのは大阪駅と直結している駅ビル内。商業施設としての駅ビルには、利用者の歩行速度が速いという特徴がある。基本的に移動中の滞在となるためだ。その足を止めて店舗へ誘導するには、やはりしっかりとしたファサードの設計が必要になる。

曲げガラスのファサード

ブランド名ビシェス オペークの「オペーク」には半透明という意味がある。ファッションはアイテムを身にまとうことで自分なりのカラーをつくりだす行為だが、そのなかにあって自分らしさを忘れず、ベーシックを基本とする意味を込めて、この言葉をブランド名に掲げている。担当者と話しあった結果、オペークをキーワードに空間デザインのあり方を模索することにした。

キーワードが決まればデザインはおのずと定まってくることが多いのだが、ビシェス オペークはそういかなかった。半透明という目には見えない状態を目に見える形で表現するのに、なにがもっともふさわしいのか。プランを何度も描き直し、担当者とコミュニケーションを重ねていった。アパレルの空間デザインには他のジャンルよりも感覚的な要素が働く。それはそのときどきの空気感のようなもので、つまりそれがトレンドなのだが、それは言葉で明確に説明することができるようなものというよりも、現場で肌感覚でつかむものだったりする。だから、クライアントとのコミュニケーションでも、言葉を積み上げていくだけではない、感覚を共有していくような試みが重要になってくる。そういうとき、自分はスケッチの力を借りるようにしている。打ちあわせをしながらその場で手を動かし、お互いのイメージを目に見えるようにするのだ。

そうしてたどり着いたのが、巨大な曲げガラスを使ったファサードだった。物件は天井が非常に高い環境だったため、ガラスを使うことでもともとの開放感を生かしながら広がりをもった間口とした。またガラスを曲げることで空間にふくよかな印象が生まれる。曲線を積極的に取りいれ、空間の豊かさが感じられるように工夫した。上部にはうっすらとグラデーションで着彩してある。ほんのりと色づくことでデザイン的な押さえとしつつ、半透明というコンセプトを体現させた。

これらを実現するために曲げガラスは必須だったが、技術的なハードルは高い。天井と柱とで個別にガラスパーツを製造し現場でつなぎあわせるのだが、製造過程は手作業となるため微妙な誤差が生じる。この誤差を許容範囲内に収めなければファサードは完成しない。この難しい加工をクリアしてくれたのは、施工を担当した乃村工藝社だ。国

OPAQUE

BIS
OPAC

OPAQUE

内最大手の施工会社で、技術的な下支えをしてくれた。

ショップ内の家具、アートワーク、照明は、すべてファサードのグラデーションにあわせている。また横に長い空間のなかで、コスメと衣服の住み分けが一目でわかるように、壁面の意匠を大きく替えた。予算的には比較的余裕のある案件だったが、それでも当初のプラン通りというわけにはいかず、細かな部分で調整をしている。空間デザインでは思い描いていた100％を実現できることはほとんどない。かならず予算と向きあい、なにかを削ったり、代替プランへの変更を迫られることになる。それは空間をつくるときの宿命のようなもの。だから空間デザイナーは、一番最初の設計の段階から、そのことを計算してデザインにあたらなければならない。もちろん、それはデザインの手をゆるめることを意味しない。たとえ実現の可能性が低かったとしても、すべてに全力で挑むからこそ、プランの変更を迫られたときにあらたなアイデアを生みだすことにつながるのだ。

ワールドとはその後も多くのブランドの仕事をする機会に恵まれたが、アパレル業界全体の転換期にあって、現在はどのメーカーも新規店舗の進出には慎重だ。ワールドも例外ではない。反対に近年台頭してきているのは、ホテル業や飲食業の店舗設計である。いま空間デザインの隆盛には、それを依頼する業種の景気経済がそのまま反映される。

の空間デザインに求められるのは宿泊施設やカフェ、レストランを設計する技術というこ とになるが、自分がそこで少なくない数の仕事を手がけ、クライアントとも継続的な関係を結ぶことができているのは、ワールドをはじめとしたアパレルの空間デザインで培った、時代の空気感を具体化してきた経験と技術によるところが大きい。

経済は循環するものだ。この変革期を乗り越えてアパレル業界が盛り返してきたとき、今度は自分がその盛り上がりに貢献できるように、デザインの力を磨きつづけていきたいと思っている。

事例8
企業文化の理解とデザインの方向性
「眠りギャラリーTOKYO」ショールーム

思いがけない出会い

たまたま同じイベントに一緒に出席していた、自分たちがデザインした空間を訪れたことがある、知人の紹介で、などなど、クライアントとの出会いかたはさまざまだ。自分はこれまで仕事をしたクライアントからの紹介であたらなクライアントと出会うことがほとんどだが、まったく思いがけないところからあたらしい仕事が生まれることがある。病院用ベッドの専業メーカー・パラマウントベッドからの依頼もそうしたものだった。その年に高い評価を得た事例が掲載される空間デザインの年鑑があるのだが、そこに掲載されていた私の事務所の受賞作品を見て連絡があったのである。

電話で話を聞くと、事務所からそう遠くないところにオフィスがある。たまたま外出や来客の打ちあわせがないタイミングだったこともあって、その日のうちに直接訪ねてまずは話を聞いてみることにした。仕事を引き受けるかどうかは、相手と会って、思いを聞いて、クライアントの目的を達成できる可能性があるかどうかで判断するようにしている。そのうえで、スケジュールや諸条件が合えば、基本的に引き受ける。クライアントとの出会いがどのようなものであっても、それは変わらない。パラマウントベッドとの出会いは自分でもはじめてのケースだったが、担当者の思いを聞き、不思議といい関係を築けるのではないかという予感があった。

パラマウントベッドの担当者は八木剛さん。今回、自分たちに依頼したいのは、東京・京橋にあるショールームの改装だという。JR東京駅からもほど近い一等地にあるショールームで、これまでも人を呼び入れるように著名なデザイナーに空間デザインをお願いしたり、カフェを設置するなどさまざまな工夫を凝らしてきたが、なかなか人が集まらない。ついてはこの空間に手を入れ、人が集まりにぎわいを生みだすショールームとしてリニューアルしてほしい。

リニューアルにあたって、デザイン的な条件として提示されたのは「眠り」をテーマとした空間にすること。パラマウントベッドでは自社内の研究所で眠りの質をリサーチしており、最新テクノロジーを導入して睡眠時における人間の身体活動をモニタリングし、その結果を製品開発にも反映させている。この技術は「眠りＳＣＡＮ」と命名され、国からも社会的意義を認められ補助金事業の対象となっている。その姿勢はたんなる自社製品の開発というレベルにとどまるものではなく、社会貢献にもつながるものだ。そうした自社のあり方をアピールし、にぎわいのあるパブリックな場所としてショールームを生まれ変わらせる。それが先方からの依頼であり、自分に課せられたデザイン命題だった。

最適解を探っていく

とはいえ、決まっていることはテーマを「眠り」とすることのみ。ほかはまったくの白紙状態だった。意図しているわけではないのだが、自分の場合はそういうタイプの依頼が比較的多い。クライアントの目的が具体的で明確であるほうがデザインそのものに集中できるため、デザイナーとしては仕事がやりやすい。ただし、その場合はあくまで空間デザイナーとしてのみのかかわりとなり、ブランディングのような深いところには基本的にタッチしない。

一方で今回のケースのように、クライアントとともに空間のあり方そのものから探っていくときは、デザインを立ち上げるまでに時間がかかる。そのため造形的な部分での精度を高める際に時間的な制限がどうしてもかかってきてしまうのだが、クライアントや立ち上げる空間への理解は、ぐっとたしかなものになる。

空間デザインにおいて造形が軽んじられていいわけではないが、かといって造形だけで空間デザインが成り立つわけではない。そのときどきの依頼のされ方に合わせた最適解を探ることが空間デザイナーには求められる。ただ、個人的な所感を述べるのであれば、現在はいくら造形面にすぐれていようと、それだけでは空間デザイナーは務まらないと思っている。デザイン力を発揮することは前提で、クライアントの思想を本人たち以上に掘り下げて、空間の価値を高めていくような工夫をしなければならない。

まず最初に取りかかったのは現状を確認することだった。京橋のショールームを訪ねてみると、物件は高層ビル街の一等地にあるが、ショールームであると知らなければうっかり見落としてしまいそうだ。エントランスが路面よりセットバックしているためで、現状では周囲に埋もれてしまっていた。

空間内部に足を踏み入れると、奥行きのある十分な広さをもった贅沢な空間が展開していた。ただ、その空間の広さを有効には活用できていない。ショールームなのでパラマウントベッドの製品が並んでいるものの、商品説明パネルが設置してあるだけで、デザイナー家具はいくつか置かれていたが、空間をもて余している様子だった。

こうした問題点を改善するには、この広さをなにで埋めていくのかを考えなければならない。自分がひらめいたのは、天井と壁をデザイン的に押さえること。周縁を固めることで空間を引き締めることができる。

この段階で、最初のプレゼンに挑むことになった。正直なところ、素材の選定などデザインに取りかかるにはまだまだ材料不足ではある。だが最初のプレゼンには、リノベーションして空間が変わる驚きを盛り込まなければならない。デザインの仕事をしていると、こうした場面に遭遇することがある。準備に十分な時間が確保できなくとも、手がかりが少なくとも、限られた情報しかなくとも、デザイナーは壁を突破していかなければならない。

天井と壁、床についてはリサーチ時のインスピレーションに従おう。あとはエントランスだ。既存の枠を使って開口部を広げるだけでは足りない。人を呼び込むような仕組みをつくらないといけない。そこで遠景・中景・近景の距離による機能的改善と、上部・中部・下部の造形演出により空間ボリュームをコントロールすることを提案することにした。

プレゼンはパラマウントベッドの木村恭介社長へ向けてのもの。精度をそこまで高めることはできなかったが、進むべきグランドデザインをしっかりと提示し、木村社長からはOKの返事をもらうことができた。木村社長は美術や芸術に明るく、美的な感性をもった人物でもある。だからプレゼンを理解してもらえた、というわけではないが、こちらのデザイン意図を説明するとき、それがたしかに伝わっている感触を得られたことは事実だ。木村社長の懐の深さは、そのままパラマウントベッドという企業の文化への理解の深さを現しているように感じられた。

デザインの方向性が固まれば、あとはそれを洗練させていくことに専念できる。空間づくりで肝心になるのは、デザインのコンセプトを理解してともに空間を立ち上げる、信頼できるプロフェッショナルの存在だ。にぎわいのあるショールームを実現するために、今回のプロジェクトではふたりの異業種とコラボレーションすることにした。

ほんとうに協働したい人たちと

そのうちのひとりが、東京・銀座で「一冊の本を売る本屋」森岡書店を経営する森岡督行さん。森岡さんとは浅からぬ縁でつながっている。現在の私の事務所が入っているビルの同じフロアのしかも隣の部屋で、森岡さんは最初の書店を開業しているのだ。銀座に店舗を移すまでの数年間、同じビルで働き交流もあった。銀座店をオープンさせる際には、自分が空間設計をさせてもらってもいる。

ショールームの大きなテーマである「眠り」を、どういう形で表現するのか。クライアントと打ちあわせをするなかで、この空間をたんなるショールームとするのではなく、パラマウントベッドがおこなっている眠りについての研究を伝える機能をもたせてはどうか、ということになった。そのために壁面全体と天井の一部を書棚とし、そこに眠りについての書籍を集めたライブラリーを設置する。パラマウントベッドの企業理念である「as human, for human（人として、人のために）」を発信することにもなる。このライブラリーの選書を、森岡さんに依頼しようと考えたのだ。

森岡さんの最初のお店は、写真集を中心とした古書店である。写真集以外にもさまざまな書籍を扱っており、店舗での販売以外にも、顧客の依頼を受けて稀覯書《きこうしょ》を集めたり、書棚のディレクションを担当することもあった。森岡さんは神田の老舗古書店・一誠堂で修行を積んだあとに独立開業している。古今の図書に精通したたしかな選書眼をもち、いまは銀座で気鋭の作家のアートブックや単行本の展示販売を毎週企画している。「眠り」というテーマで森岡さんに選書してもらうことで、専門書だけでなく、思いもつかないような本を選んでくれると考えた。

森岡さんの選書は、こちらの期待に見事に応えてくれるものだった。医学や生理学の関連書は当然として、哲学や美術、さらには写真集や絵本まで、自分ではとても想像もできないような、バライエティに富むラインナップを揃えてくれた。しかもただ幅が広いだけではない。全体でひとつのストーリーが生まれるように練られているのだ。森岡さんは仕入れた書籍を一冊一冊、現場で手ずから並べてくれた。エントランスから最奥部へ、最奥部からふたたびエントランスへ。ショールームを周回しながら本をたどると、人生と家族について自然と思いをめぐらせていることに気がつく。眠りの機能だけではなく人生になかで果たす役割や文化にまで発想を広げたライブラリーは、空間に厚みをもたせてくれた。

もうひとりの協働者はスタイリストの長山智美さんだ。長山さんはインテリアスタイリストとして押しも押されもせぬトップランナー、数々の雑誌でインテリアやプロダクトページ、企業のショールームのスタイリングを手がけている。

ショールームに展示するベッドは全部で9つ。空間の広さを考えて、もう少し数を増やすつもりでいたのだが、最初のプレゼンテーションで見せたCG画の雰囲気が好評で、クライアントからはむしろ数をしぼりたいという要望があった。ショールームという性質上、ふつうならできるだけサンプルを展示したくなるところだが、めざすのはさまざまな人が訪れる空間だ。いたずらに展示製品の数を増やすのではなく、空間そのものの魅力で訴えかけたい。要素をしぼったミニマムな空間構成は、ショールームというよりはギャラリーに近い。厳選された製品で空間を成立させるには高度なスタイリングが要となる。そこで展示ベッドの環境スタイリングを長山さんに依頼したのだ。

展示するベッドには、製品に合わせてそれぞれテーマが決まっていた。長山さんにそのテーマを伝えると、ベッドに合わせるファブリック、サイドテーブル、椅子、飾りとしての植物など、つぎつぎ提案があがってくる。その引き出しの多さ、取りあわせの妙は見事としかいいようがなかったし、実際に現場でスタイリングを施すと、それぞれのベッドの魅力が最大限に引きだされる。魔法をかけたかのようだった。

長山さんのすごさを実感したのは、スタイリングするアイテムに微塵の妥協もなかったこと。あらかじめ予算に合わせた提案をするのではなく、どうすればベッドを含めた展示環境がもっともよくなるかを考え抜いていた。だから、ベッドの横に置く椅子ひとつとってみても、ハンス・ウェグナーがデザインしたCH22をセレクトしていたりする。似た形のレプリカではなく、オリジナルがもつ存在感を理解しているからできることだ。

幸運なことに、このプロジェクトではデザインの詳細が決まっていく過程で予算を増

ウィンドウ

カウンターと体験ブース

PARAMOUNT BED

UNT BED
PARAMOUNT

PARAI

やすことができた。空間をより豊かにするために他者とコラボレーションする必要性に対し、クライアントが理解を示し、そのための予算を確保してくれたのだ。そういうケースはまずないといっていい。ほんとうに協働したい人たちと仕事をすることができた。自分としても得難い経験になった。

これからの空間デザイナーに求められるもの

施工会社についてもクライアントの理解に助けられた。自分がつきあいのある会社を提案することができたのだ。今回お願いしたのは大阪を中心に施工をしている会社で、60年以上の歴史と実績をもっている。デザイン的な意匠に高い技術で対応しており、自社で木工所をもっているという強みがある。自社工場をもっていると、部材の加工の仕上がりがまったくちがってくる。それは木目の美しさや、素材の貼り方、突き板の合わせ方の精度にそのまま現れる。今回、床の仕上げが空間の決め手となるため、たしかな技術力をもっている施工会社に発注する必要があった。ディテールが完成されていると、空間の見映えがぐっと変わってくる。この施工会社をアサインできたことで、仕上がりのレベルを一段も二段も引き上げることができた。

エントランスの脇に設置した照明ディスプレイのアートワークやフレームで組みたてられた什器は、マネキンやトルソ、什器などの製造をしているアップルという会社に発注している。ベッドのパーツがもつ幾何学的な直線そのものの美しさを展開したデザインに、アップルの高い加工技術の力を借りることにしたのだ。

こうして完成したショールームは、「眠りギャラリーTOKYO」とネーミングされた。他者とのコラボレーションも含め、空間デザイナーとしてやり切った仕事のひとつで、3つのデザイン賞を受賞することにもなった。だが、完成度が高いだけに、実現した空間を見ると、もう少し人を呼び込むための仕組みづくりの部分にも突っ込んでいけばよかったのかもしれないという欲がわいてくる。たとえば体験コーナーを設けたり、「眠り」の研究についての成果をプロモーションする映像システムを設けたり。そういうことにも挑戦してみたいという思いがある。

空間をつくって手渡すだけではなくて、そこから空間がさらに生きてくる活用方法についても、クライアントと考えていきたい。そういうことにも踏み込んでいきたい。空間的な価値をどう生みだしていくのか。デザイン面だけではない方向からもアプローチしていくことが、これからの空間デザイナーに求められる要素なのかもしれない。

事例9 新幹線の駅にあたらしいにぎわいをつくる「アスティ新富士」

駅施設

JR東海と富士市とのプロジェクト

「2k540」「－両国－江戸NOREN」と、これまでにふたつのジェイアール東日本都市開発（JRTK）による開発プロジェクトにかかわってきた。2018年11月にオープンした東海道新幹線新富士駅直結の商業施設「アスティ新富士」と、同施設内に設置されている「新富士駅観光案内所」の空間デザインは、そうした仕事が縁となって依頼が来たプロジェクトだ。

とくに独立してから、さまざまな人との出会いのなかで仕事をしてきているが、仕事のつながりから派生して、個人的なつきあいをしたり、そのつきあいからあらたに魅力的な人物と知りあう機会が増えている。そうした出会いが自分の見識を広げ、訪れたことのない土地を訪ねたり、見たことのない景色を知ることにつながっている。近年では地域ブランディングのセミナー、カンファレンスに誘われることも多く、東京近郊だけでなく、地方で開かれる会合にも、都合がつくかぎりは参加するように努めている。

ちょうど福岡で開催された、地元ワインを軸としたブランディングのあり方を考えるカンファレンスに出席したときのことだ。カンファレンス後の懇親会でほかの参加者に挨拶していると、たまたまＪＲ東海に所属している澤谷さんと出会った。自分がデザインしたＪＲＴＫの事例ついても知られていたのだが、聞くと、ご両親が新日鐵に勤めていたという。私の両親も新日鐵に勤めており、かつて新日鐵が日本各地で製鉄所を稼動していたころ、製鉄所で働く人のために市町村と合同する形で街をつくっていたのだが、澤谷さんはそうした製鉄所のひとつがある山口県光市で、私は千葉県君津市で育った。不思議な縁もあるものだと、帰京してからもメールでやりとりをしていたのだが、あるとき澤谷さんから新富士駅をリニューアルするプロジェクトを検討中で、ついては一度相談に乗ってくれないかという連絡をもらった。自分でよければということでふたたびお会いしてみたところ、相談ではなく仕事の依頼ということになり、リニューアルプロジェクトを空間デザイナーとして受注することになったのだ。内容は、新富士駅構内の商業施設をリニューアルすること。ジェイアール東海静岡開発（静岡開発）が開発を担当し富士市とも協力しながら進めていく、大がかりなプロジェクトだった。

ふつうこの規模の空間デザインでは、デザイナーの選定はコンペになることが多い。ところが今回は指名での依頼だった。静岡開発は静岡駅を拠点にさまざまな開発事業に乗りだしている会社で、高架下を横丁として開発するなど、柔軟な発想をもっている。建築工事的にも、ただたんにキレイな外観の建物にするのではなく、その場の特性やめざしたい方向性をはっきり意識した施工をしている。アイデアをもって開発事業に取り組む同社が、そうしたアイデアを共有するパートナーとして自分たちの事務所を選んでくれたのだ。もちろん、2k540と－両国－江戸NORENという実績があったことも大きな要因だった。

行政と進める特殊性

このプロジェクトが特殊だったのは、富士市、つまり行政と連携した点にある。

2014年以降、日本政府が政策として地方創生を打ちだしたこともあり、地域ブランディングが活性化している。各市町村は地域資源の見直しに力を入れ、さまざまな形で地元の価値を高める試みをおこなっている。静岡県富士市は「いただきへの、はじまり富士市」をブランドメッセージに、富士市在住でなくとも同市を応援する人をサポーターとして認定する「富士青春市民」や、富士山とブランドメッセージが描かれたフォーマットを提供してオリジナルロゴを自由に作成してもらうなど、地域ブランディングに精力的に取りくんでいる。新富士駅の再開発にもこうした活動としての側面があり、また小長井義正・富士市長にとっては、市長として二期目を迎えるにあたり、「まちに元気を、人に安心を」という信条を具体的に実現する施策のひとつとしても、重要な位置にある事業だった。

そもそも新富士駅周辺は、新幹線を利用した東京都内への通勤地域として、工場跡地を住宅地とする整備がおこなわれてきた。しかし計画の長期化にともない住民の高齢化が進んだ結果、区画整備計画の変更を余儀なくされることになった。また新富士駅を中心としたエリアは在来線の駅からも離れた郊外型都市となっているため、住民の移動手段は車がメインで、駅から離れたロードサイドに商業施設が集中している。こうした状況を踏まえ、駅周辺に商業地域を整備することで、高齢化が進む住民の徒歩圏内で生活インフラが整うコンパクトシティの実現を目指すことになったのだ。

そのためこのプロジェクトは、静岡開発の担当者に加えて市議会の担当者もつく富士市と静岡開発の共同事業であり、事業予算のうち4分の1を富士市が拠出し、残りを静岡開発が負担する構造で、裁定にはすべての過程で市議会の承認を得る必要があった。市議会の開催時期はあらかじめ決まっている。議会が開かれているあいだにデザイン画と工費の予算案を提出し、承認を得なければならない。その機会を逸してしまうと、プロジェクト全体が1年遅れることになる。また一度議会の承認を得たデザイン画には、基本的に変更を加えることができない。議会を通過した時点で富士市民から承認されたことになるため、些細な変更も許されないのだ。

空間デザインの仕事に修正はつきものだ。修正に次ぐ修正を経て、現場に入ったあとでも細かな調整を加える。そうして空間の精度を高めていくのだが、このプロジェクトでは現場に入る前の段階でどこまで正確なイメージをつくれるかが勝負になってくる。スケジュールは動かせない。シビアな条件のなかでデザインをスタートさせた。

デザインを進めるにあたって、富士市から特別な要望はなく、静岡開発もコンセプトを模索している段階だった。だが実現したい環境はあった。それはリニューアルする商業施設の2階に利用者を引き上げるような導線をしっかりと設けること。新富士駅の2階には一度に200名ほどが利用可能なオープンスペースがある。走行する新幹線を間近で見られる絶好のロケーションで、ここを駅舎活用の核にしたいということらしい。

状況確認のため現地を訪ねてみると、富士山をバックに目の前を新幹線がトップスピードで走り抜ける。新富士駅は東海道新幹線のうち「こだま」のみが停車する駅なのだが、駅前後の線路がフラットな直線がつづくため、東海道新幹線全駅のなかで「のぞみ」が通過するスピードがもっとも速い。その光景は爽快のひとこと。鉄道ファンならずともたのしめる、まさにこの駅舎ならではの体験ができる。

自分が考えたのは、商業施に上がるための経路を用意するというもの。利用者が駅舎内を循環しながらたのしめる導線を計画することで、人が行き交う、にぎわいのある空間にするビジョンを描いたのだ。

富士市の顔となる空間

新富士駅は新幹線のための駅だ。在来線は通っていない。そのため利用者の駅滞在時間が長いという特徴がある。駅舎に直結した商業施設には、新幹線をただ待つのではなく、ほっと一息つけたり、くつろいだりできるような空間がほしい。そうした仕掛けをデザインできれば、シンボリックな空間として、駅利用者だけでなく地域住民による活動の呼び込みにもつながるに違いない。

あれこれ頭を悩ませた末、導きだした答えが大階段のデザインだった。階段を中央で分け、左右で一段ごとのピッチを変える。正面右側は通常の階段だが、左側はベンチとして腰かけることができるようにしてある。移動と滞留を同時に生みだすことができるつくりになっている。階段の壁面には雑誌や書籍をディスプレイできるようにした。歴史や観光情報など、富士市の価値を広め高めるような関連書籍を置くことで、地域ブランディングに貢献することができる。

大階段の素材はすべて富士市特産の富士ひのきを使っている。これは富士市の担当者とのコミュニケーションから着地したアイデアだ。富士ひのきはヒノキのなかでは小振りだが、富士山の火山灰土壌でゆっくりと育つため、目が細かく、耐久性と強度にすぐれ、保湿性・調湿性も備えている。また節がある点も特徴で、うまく生かせば味のある独特な表情を見せてくれる。

素材に使った富士ひのきは、伐りだしから加工まで、すべて富士市の地元業者に協力してもらった。施工自体は大手施工会社が担当することになっていたのだが、富士ひのきの特性を理解し、最適な形で加工する技術をもっているのはやはり地元の職人になる。素材を知り尽くした職人の手仕事から学ぶところは多かった。たとえば富士ひのきの原生林からどの木を伐りだすのか。部材として使用される製品の特徴・目的に合わせて、最適な木を選ばなければならない。若い木は細く柔らかいため曲げ加工が必要な家具に向いており、十分に成長した木であれば富士ひのきの特徴である強度と耐久性を発揮して家の柱に使いやすい。素人には同じに見える木であっても、職人には一本一本の個性が見えている。伐りだしも加工も、すべての現場に立ち会ったのだが、熟練の技に実地で触れられたことは、大きな刺激になった。

富士ひのきを丸太ごと伐りだして製材し、そこからさらに必要な部材を選定し、着色していく。そのすべてを地元の職人たちとともにおこなった。そのこと自体が、このプロジェクトのおおきなポイントになっている。富士ひのきは大階段以外にも、ベンチやキャスター付きマガジンラックに活用し、富士市のブランドメッセージをモノとしても発信することができた。

商業施設内には新富士駅観光案内所も並置されている。こちらのデザインについても一任されていた。

駅舎を人が集まりにぎわいを生みだす空間として生まれ変わらせる。そのためには観光案内所にも、なにかこれまでにない工夫ができないだろうか。今回のプロジェクトでは、デザインのコンセプトとして「末広がり」というキーワードを盛り込んでいた。富士山の裾野に広がる富士市の地勢にちなんでのことだ。日本中、世界中から富士山を目

新富士駅観光案内所

新富士駅観光案内所

指して人が集まるように、富士市の玄関口として人を呼び込むような観光案内所と考えたとき、浮かんだイメージはキャンプファイヤーの場面だった。富士山を思わせるタープを吊るし、その下に人が集まる。富士市ならではの観光案内所ができる、そう思えた。

この案は予算の関係から実現しなかったのだが、最終案でもカウンターをラウンドさせ、さらにレベル差を設けるなど、しつらえにひと手間をかけている。カウンターの背面にも細くカットした富士ひのきを配置して富士山のシルエットを描くなど、無味乾燥なスペースになることは避けた。

にぎわいを生みだすもの

２０１８年11月21日、新富士駅の商業施設は「アスティ新富士」としてリニューアルオープンを果たした。大階段は注目を集めているようで、移動と滞留が同居するいいバランスを実現している。

自分が考えた空間デザインで駅舎がほんとうに活性化するのかどうか、不安を抱かなかったといえば嘘になる。だがそれは杞憂に終わりそうだ。当初、新幹線の乗客が利用者となることを見込んでいたのだが、リニューアルしたことで近隣住民が集まるようにな

っているのだ。もちろん、リニューアルからそれほど時間が経っていないため手放しで評価はできないが、このまま軌道に乗れば、地域ブランディングの成功事例として、ひとつの可能性を示すことができる。

ただ、忘れてはいけないのは、そこには地元富士市の多大な協力があったことだ。開発の当初から富士市は前向きにプロジェクトに参加してくれた。それぞれに優秀な人材が集まったという偶然もあるとは思うが、印象的だったのはプロジェクトにかかわっている全員が、市長の鶴の一声で動くのではなく、自分の問題として物事を捉え、考えていたこと。富士ひのきの活用や地元業者との仲介などを積極的に提案してもらえたし、静岡開発に対しても働きかけ、現場の人間関係を動かす推進力になってくれた。

同じようなパッケージ、同じような規模、同じような予算感であっても、そこにかかわる人が自分のこととしてプロジェクトを捉えなければ、新富士駅のようなにぎわいは生まれない。にぎわいを生みだすのは人ということを、新富士駅の空間デザインからあらためて教えられたような気がしている。

対話篇

これからのデザイナーに求められるもの

島崎信との対話

デザイナーとしての自分の原点をふりかえるとき、かならず思いだすのが恩師・島崎信先生のことだ。島崎先生は１９５８年にデンマーク王立芸術アカデミーへ留学され、帰国後は北欧デザインの思想だけでなく、それがどのような生活から生まれてきたものなのか、それを支えるのはどういう技術なのかまでを伝えることに専心されてきた。

自分は武蔵野美術大学の島崎ゼミで、ほんとうに多くのことを教わった。「キレイ」や「美しい」を語ることはたんなる印象論であって、デザインを語ることにはならない。美的な要素は重要だが、それはデザインのロジカルな結果として宿るものであって、先行して存在するわけではない。〝美しい〟デザインは言葉にすることできる――島崎先生に教わったことが、いまの自分の仕事を支えている。

その島崎先生にひさしぶりにお目にかかる機会を得た。社会に出て22年、独立してから13年、現在の自分は島崎先生にどう見えるのだろうか。先生の胸を借りて、いまの自分をぶつけてみた。

島崎信 しまざき・まこと　インテリアデザイナー、デザイン教育者。１９３２年東京生まれ。東京藝術大学美術学部工芸科図案部卒業後、東横百貨店（現・東急百貨店）を経て、58年にデンマーク王立芸術アカデミーへ留学、オーレ・ヴァンシャーに師事する。帰国後は東横百貨店に戻り商品企画室の設立に携わりながら、北欧デザインの紹介に積極的に取り組み、講演や執筆を精力的におこなう。66年に独立すると家具、インテリア、プロダクト、店舗ディスプレイをデザインするほか商品開発にもかかわるなど横断的な活動を展開。また武蔵野美術大学工芸工業デザイン科で教鞭を執り、後進の育成にもあたる。現在、武蔵野美術大学名誉教授、島崎信事務所代表。おもな著作に『一脚の椅子・その背景』（建築資料研究社）『美しい椅子〈１〉～〈５〉』（エイ出版社）など。

"デザイン"が意味するもの

吉里　いま独立した空間デザイナーとして仕事ができているのは、空間デザインについてさまざまな仕事に携わり、経験を積んできたからです。空間デザインに求められるものは、そのときどきの社会の流行に左右されますし、デザイナーにはそうした時代の空気のようなものをきちんとつかんで、現実の空間としてそれを実現する技量が必要です。そのとき、自分が以前もそして現在も変わらず大切にしていることがあります。ひとつはクライアントと対話を重ねること、もうひとつはモノにとことんこだわることです。このふたつの要素が、空間デザイナーとしての自分の、いわば背骨のようなものになっていると思っています。このことを、自分は学生時代に島崎先生のもとで学ばせていただきました。今日はあらためて、今後のデザインについてどう考えていくべきかをお尋ねしたくうかがいました。

島崎　ぼくの考えでは、デザインは色や形だけにかかわるものではない。たとえば目の前に醤油注ぎがあるとするよね。その醤油注ぎが、見た目にはスタイリッシュで洗練されていたとしても、醤油を注ぐたびに醤油が注ぎ口を伝って垂れてきたり、持ちにくくて落としてしまうようなものだったら、それはデザインとして成立していない。つまり、デザインという言葉が意味しているのは、目的を達成するための仕組みづくりということ。

留学した縁もあって、ぼくはいまもデンマークデザインの親善大使を務めているけれど、デンマークから学ぶことはまだまだたくさんある。デンマークは30年後の国のデザインというものを策定していて、それを達成するためのロードマップをつくっている。1年ごとに、そのロードマップを達成できているかをチェックして、必要があれば修正をし、たえず国を挙げてその達成のために動いている。

デンマークは非常に小さい国で、国土は約4万3000平方キロメートルで日本の九分の一にも満たない。人口もおよそ580万人しかいない。にもかかわらず、国債はゼロ。福祉、教育、デザインの分野で世界に冠たる地位を築いている。1920年から50年のわずか30年ほどで国の制度を改革し、これを実現したわけだ。この改革の時期というのは、いわゆるミッドセンチュリー[1]と重なる。ぼくが留学していたのもこの時期で、たいへん景気がよかった。このときに、デンマークは日本や世界銀行から資金を借り入れ、国家の仕組みを大きくつくりかえた。ふつう、借金というとお金がないときにするものだと思われがちだけれど、それじゃだめで、経済が好調なときに、先を見越して準備するためにこそ行うべき。経済が好調だから信用を得られて金利を低くおさえ、返済もできる。デンマークは、まさに国家をただしくデザインしていた。そしてその変革の時代に、デンマークに留学できたことは、ぼく自身のデザインに対する考え方に、少なからず影響を与えていると思う。

デンマークのデザイン教育

吉里　デンマークに留学されたのは東京藝術大学在学中のことでしょうか。

島崎　学校を卒業して、東横百貨店（現・東急百貨店）で家具デザインをして2年くらいが経ったころだね。

ぼくが藝大に入ったのは、前身となる東京芸術学校と東京音楽学校が統合して3年くらい経った時期のこと。同級生には福田繁雄[2]や仲條正義[3]がいて、講師に河野鷹思[4]がいた、そういう時代。まだ「デザイン」や「グラフィックデザイン」という言葉が定着してなくて、「図案」と呼ばれていた。学生はみんなグラフィックデザインをやりたがっていたんだけど、ぼくは生活に関するデザインをしたかった。家具や照明器具、ラグなど、いまでいえばインテリアデザインということになるね。ただ、当時はインテリアなんていう言葉はなかったし、ましてそれを教えてくれる教師もいなかったんだよ。

学生はとにかく時間だけはあるから、自分で調べて、東京の深川の家具職人のところへ通って、ずっと横に張りついて仕事を見ていた。面倒くさがられているのはわかっていたけど、そこはお構いなしで（笑）。それはどういう技術なのかとか、図面はどうやって読むのかとか、そんなことをしつこく訊いていた。学校でも、仲間と一緒になって自主授業を企画して、柳宗理[5]さんなんかを招いてお話をうかがったりもしていた。自分にとってのデザイン事始め、というところかな。

インテリアデザインを専門にする会社がまだないころだったから、卒業後は東横百貨店に入って家具デザインの設計をやっていたんだけど、やはり勉強が足りないと感じていたときに、財団法人海外市場調査会（現・日本貿易振興機構）がデンマークに派遣する留学生を集めることになって、その試験を受けたんだよね。なんとか合格することができて、1958年にデンマーク王立芸術アカデミー[6]に留学することができたというわけ。

王立芸術アカデミーではいろいろなことを学んだけれど、とくに印象に残っているのは、デンマークを代表するデザイナーでもある、オーレ・ヴァンシャー[7]教授から言われた言葉。教授は、「留学生は、帰国したら人材を育成するために学校に職を得る。しかし時代にあったデザインのあり方や、デザインの本質を教えるのに、デザインワークから離れてしまうのでは意味がない。ではどうすればいいのか。自分の事務所もってスタッフを抱えて、社会とつながりをもちながら、デザイン実務と教育に携わるんだ」そう教わった。

デンマークではマイスター制度というのがあって、要するに家具職人の親方に弟子入りして、そこでしっかりと修行をするわけだ。ハンス・ウェグナー[8]も14歳から18歳まで指物師のマイスターに習っている。マイスター制度では基本的に親方の技術を学ぶわけだけれど、指物をつくっている親方についたら、ほかの家具についてはやらないことになる。ただデンマークのデザイン教育がすぐれているのは、職人として一般的な教養を身につけるために、地域の家具職人の組合が自主的に夜学を運営していて、そこで図面の読み方や描き方、材木の仕入れ方、伝票のつけ方といったことを教えるようにしていること。仕入れといっても、板材を仕入れるのか、丸太を仕入れて製材するのか、立木を買うのかということまで教える。そしてたとえば立木を仕入れたとして、それを切ってから、天然乾燥させるのか人工乾燥させるのか、両者の違いはどうなのか、そういうことをすべて教える。なぜなら仕入れと加工のルートをどう設計するかによって、帳簿のつけ方も全部変わってくるから。技術だけではなく、具体的な実務についてもきちんと教えるから、親方のもとを離れても、すぐにひとり立ちすることができる。

　ぼくは帰国してからは東横百貨店で商品企画室を設立したりしながらデンマークで得たことを講演や執筆で伝えながら、１９６６年に独立して自分の事務所をかまえ、スタッフを抱えて仕事するようになった。だから、武蔵野美術大学に招聘されたときも、単純なデザイン作業だけではなくて、商品開発についての企画、素材のリサーチ、チームをつくって効率性を保ちながらデザインの質を高めていく方法、それに見積書や請求書の書き方とか、そういうことのすべてを学生たちに教えたかったんだけど、学生からも、まわりの教師からも抵抗された（笑）。学生は「デザインは自分の個性を発揮して好きなことをやることだと思っていた」とか、教師陣は「デザイン教育なのに、数字とか書類づくりについて教えるなんて」というリアクション。だからちょっと変わった教師だったのかもしれないね。

デザインの決定に関わること

吉里　デザインが仕組みをつくることだというのは、自分もふだんの仕事のなかで、そこはすごくつよく意識している部分です。人と人、人とモノ、モノとモノが、響きあいながらうまく機能するような関係性をどうつくっていけるのかが、デザイナーには求められていることも、現場をつうじて感じています。
　ただその一方で、仕組みづくりの部分だけが強調されすぎているのではないか、ということも感じています。もちろんそういう全体を設計するという意味でのデザインの本質を軽んじるわけではないのですが、そこに偏り過ぎるあまり、ともすれば色や形、つまり造形そのものが軽視されてしまう、そんな傾向があるのではないかと思うんです。仕組みをつくることと同じように、色や形が意味するところにもやはりこだわって、その両輪をしっかり駆動させないと、結局、実現されたデザインがいいものにならないのではないか、そんなことを考えています。

島崎　デザインの造形は人によってちがう。武蔵美の学生には原寸図を描けるドラフターが渡されていて、パソコンも使える環境が用意されている。だけどパソコンだけでデザインはさせない。学生には手で原寸図を描かせることにしてきた。カーブもすべて手描き。何本も線を描いては消して描いては消して、そして一本の線にたどりつく。そうなったときにはじめてR定規をあてて、自分が描いたカーブのRを割り出していく。そうやって造形が立ち上がっていく。

　この過程を言葉で説明してみると、生理的にはまず頭で考えたものを手を通して目の前に実現させて、それを目で見て、頭のなかにあるイメージと比較検証して、改良点と変更点を考えて、ふたたび手を使って修正をする。このサーキットがクリエイションなんだよ。その肉体的なサーキットのあり方がちがうから、人によってクリエイション＝造形が異なってくる。そうやって何度も何度もそのサーキットを繰り返すなかで、決定的な瞬間というものがあって、それは「これでいこう」と決断すること。その決定こそが、デザインの質でありクリエイションでもある。

　ウェグナーはアルネ・ヤコブセン〔9〕の事務所で働いていた時期がある。その後、彼は独立して20世紀を代表する家具デザイナーになるわけだが、ウェグナーはヤコブセン事務所時代の仕事は、自分のポートフォリオのなかにひとつも載せていない。だけど実際は、家具デザイナーとしてヤコブセンのもとで働き、給料をもらっていた。にもかかわらず、彼がその仕事を自分のクレジットとしていないのは、最終的なデザインの決定をヤコブセンがくだしているから。それくらい、決定をするというのは大きな要素になるということだね。

　そこでだ。仕組みづくりを強調するあまりときに造形が軽視され、最終的な決定においてその部分が力をもてない、もっと言えばデザイナーが下請けのようになってしまっているとき、デザイナーはどうすればいいのか。色彩や造形の分野ではなくて、まずは彼らの視点、彼らの考え方に同意し、そういう論理展開にしていかないとだめ。それは、もしかしたら造形的なデザイナーの敗北のように感じるかもしれないけど、けっしてそうではない。決定をくだす立場の人間は、デザインを理解していないこともあるし、デザイン能力をもっていないこともある。けれど、彼らは自分自身ではデザインを生み出せないから、デザイナーに仕事を依頼しているわけだ。だから、ほんとうにデザイナーが自分の考えや造形を通そうと思うのなら、彼らに寄り添うだけでは足りなくて、こちらの考えていることの価値を気づかせないといけない。彼らの立場になって、彼らに届くような工夫をする。そこまではだれもができることだから、そのさらに先へいって、こちらの意図がもっている価値に気づかせる。だから、デザイナーはもっと「人間」を勉強しないといけないよね。

横断的な意味での〝教養〟

島崎　いまのデザイナーは、やっぱり人間に対する理解が総じて低い。その原因は、個々のデザイナーの勉強不足ということもあるけれど、もっと大きく見てみると、19世紀の終わりごろから20世紀末までにかけて完成した、職業分業化が関係している。産業革命以降、大量生産大量消費社会が実現した。このときに製造工程の分業化がはじまったわけだけれど、分業によって専門性が高まってくると、たとえばネジをつくることだけに特化した会社が出てくるよね。その会社は、ひたすらネジをつくりつづけ、その技術に磨きをかけていくから、質は高まるし、同時に生産効率もあがって生産量は増大し、低価格化もしてくる。それはそれですばらしいことだけれど、しかしネジはネジでしかないんだ。

本来はそれがどんな製品の、どこに使われて、どういう役割をもっているのか。つまりは全体を想像しながら、自分が担う部分としてのパーツづくりに取り組めばいいのだが、専門分業化していくうちにそうしたことはすっかり置き去りにされてしまうことになった。もっと悪いことには、人間性までもが社会のなかで分業化されてしまうことになった。働くことと生きることは密接に結びついているから、自分のいま目の前にあることにだけしか関心をもてなければ、他人に対する関心も低下していってしまう。その結果、自分が所属している小さなコミュニティの外側への想像力と理解がなくなった。これは、一言でいうと、横断的な意味での教養がなくなってしまったということだ。

日本でいうと、江戸時代から明治の中ごろ過ぎまでの人間というのは、たとえ軍人であっても詩を詠み、書をたしなんでいた。森鷗外[10]は軍医として最高峰の人でいながら、あれだけの文学作品を記した。要するにマルチにやっていたわけだよ。それは、たとえば近代建築の祖であるル・コルビュジエ[11]だって同じで、彼は建築を手がけるだけでなく、絵を描き、雑誌を編集・デザインし、文章を書き、テキスタイルのデザインもやっていた。いまはなくなってしまったけれど、かつて東京・渋谷の東急文化会館にあった緞帳は、コルビュジエのデザインだった。建築以外の仕事をどう評価するかはべつの話として、それだけの教養をもっていたということだな。

いますごく危機的だなと思うのは、デザイナーとデザインそのものが消耗品になっていること。ミッドセンチュリーに活躍したデザイナーたちは、みな相当な覚悟をもって、自分の筋を通すための努力をしていた。造形的な研鑽をやめないことはあたりまえで、自分たちの考えをしっかりと伝え、その価値を理解してもらおうとしていた。そしてそれに賛同して実際に製品をつくりはじめたメーカーも、その価値を世の中に認知させ、育てていく努力をしていた。

どんなにいいものであっても、その製品やジャンルについて知識のない人からしてみれば、その本質的な価値をいきなり理解することは、まずできない。「なにこれ？」といわれたときに、そのよさを説明できないといけない。説明しても、いますぐには買わないかもしれない。だけどそれをつづけていくことで、いつか理解してもらえて、買ってもらえるわけだ。いまもロングセラーとして世の中に残っているものは、ほとんどがそういう努力をしている。デザイナーだけじゃなくて、つくり手も、販売業者も一緒になって、その製品を育ててきた。

だからデザイナーはもっと幅の広い知識をもたないとだめ。ましてやデザインで自分の個性を表現するなんて浅はかな野心は捨てないといけない。仕事を依頼してくるクライアントが、どんな技術をもっているのか、それは他社とどう違うのか、どういうマーケットをもっているのか。あるいはマーケット側から見たときに、このクライアントはどういう特質をもち、どう評価されているのか。だれに言われるでもなく、そういうことを調べてみようと思えるかどうかなんだよ。それを知ったうえで、スケッチが描け、提案ができる。横断的でなければ、これからはデザイナーはやっていけない。

人間の価値と可能性があるところ

島崎　ハンス・ウェグナーはそういうことをきちんとできていた。彼は造形力もある。だけど、技術をもっている職人であると同時に、デザインの職人なんだ。依頼を受けた企業やマーケットのことをほんとうによく調べて考えていた。しかも彼がよく言っていたのは「ぼくはデンマークの標準的成人男性の背格好だから、自分がテストピースなんだ」と。つまりマーケットのことをすごく意識している。ウェグナーはヨハネス・ハンセン[12]というすぐれた手仕事をするメーカーの椅子のデザインを手がけて、それが世界的な影響力をもったけれど、おそらくいま彼のデザインとしてもっとも知られているのはYチェア[13]だよね。Yチェアは、高い職人技術を必要とせず、すべて機械で加工可能になっている。だから販売されたときには、いわゆるデンマークを代表する家具ではなかったが、低い製造コストを実現していたから経済の変化による影響に左右されることなく生産が続けられ、いまでは世界的なロングセラーになった。もちろんYチェアのデザインがすぐれているからいまでも売れ続けているのだけれど、ウェグナーがたんに「椅子のデザイン」だけを考えるデザイナーでしかなかったら、この状況は生まれていない。幅の広い教養をもち、横断的に思考するというのは、つまりはそういうことだよ。

ちょっと考えてみてほしいのだけれど、農業や漁業といった、人間が生きることの根幹にかかわる仕事というのは、2000年以上も前からつづいているよね。だけど、近代以降に生まれた職業には、いまはないものがいくつもある。活動弁士、電話交換手、タイピスト、植字工に写植屋……新しく誕生した職業は、みな等しく消える可能性があるんだよ。建築家やデザイナーも例外じゃなくて、いずれは消えていくのだと思う。そういう認識をもったうえで、なにができるのか。

　これはとくに建築を見ていると思うことだが、最近はたんにいまある素材の組みあわせ方を変えているだけのものが多い。でも既製品の順列組み合わせをしているだけでは、そんな職業は早晩消滅するよ。だって、それはAIがもっとも得意とするところでしょう。単純なパターンを試すだけなら、人間は機械に絶対に勝てない。そういうところで勝負したらだめ。そうじゃなくて、その仕組みをつかってなにをするのか、どういう関係を生みだしていくのか。それを考えるところに、人間の価値と可能性がある。

　ほんとうの意味でのデザイナーというのは、自分がいなくなって、さらにはデザイナーという職業がなくなったあとの将来のことまでも見越して、モノと仕組みをつくれる人のことだね。

　その前提でひとつつけくわえると、これからは「なくなるデザイン」というものを真剣に考えてみる必要があるかもしれない。耐久性がなくていい、3年で償却してあたらしいものにつくり変えられる、そういうデザイン。こういう話をすると、デザインとデザイナーが消耗品になっているという話と矛盾するように聞こえるかもしれないけれど、そうじゃない。いま話してきたみたいに、そういう仕組みとしてのデザインを考えるんだよ。

　第二次世界大戦後のアメリカでは、破壊工学、破壊力学がものすごく発達した。亀裂がある部材のつよさを研究する学問領域で、航空機の設計や製造の安全面でおおいに貢献したのだけれど、これを応用することで建物をいかに効率的に壊すかという技術も発展した。たとえばそういう知識をいかすことで、いかに効率よく破壊するかという観点で建物や空間をデザインすることは、おおいにありえる。地球規模での環境破壊や資源の枯渇が叫ばれる現代にあって、リユースやリサイクルの観点からも、こうした視点は有効になる。

吉里　空間デザイン業界は、まさになくなることを前提にしたデザインの可能性を多分に含んでいます。ロングライフだけがデザインでもない。なくなることを前提に仮設していく。残すべきものと去りゆくモノのデザインをわけて考えることも、今後まちがいなく必要になってくると思います。

内側からの発想じゃないといけない

吉里　いまお話をうかがっていて思うのは、デザイナーは「オーガナイザー」というような、そういうあり方を考えないといけないのかもしれない、ということです。ウェグナーと同じように、といったらおこがましいけれど、視野を広くもって横断的にデザインにあたる必要性は、空間デザインの現場では、クライアントとの関係性の構築から、施工時の異業種とコラボレーションをつうじて、つねづね感じていることでもあります。

横断的にといったときに、空間デザインにおいては自分としてはひとつの軸というか、大切にしたいと思っている視点があります。それは人間のスケールから発想するということです。これは自分がスケッチをしながらデザインを考えたり練っていくようにしているからなのですが、空間をつくるとき、それがどんなに巨大なスペースであっても、手のひらに収まるものを出発点に考えていきたいんです。等身大の人間からデザインをはじめる、という感覚かもしれません。

島崎　そのとおり。どんな建築物であっても、そこに住むのは人間で、生活を営むのも人間なんだよ。だから内側からの発想じゃないといけない。ところが、近代建築は外側からの発想で、建物を中心に考えていた。でも、建物の周囲にある土地の景観、自然の起伏というものは、じつは非常に合理的なものでしょう。地球が何千年、何万年という時間をかけて形成してきた、完全な調和が実現されている。それを人間の都合で削って埋め立ててなんてやっているから、災害に弱くなってしまう。

近代以降の人間の努力をすべて否定するつもりはないけれど、土地を削って、都市計画をして、ゾーニングして、人間の活動を机上の線引きだけで決めて、住まいを区割りして、さあそこに住めといっても、そんなのものはまったく意味がないことは、もうぼくたちはいい加減歴史から学んでいい時期。自然発生的、あるいは日常的に人間が生活するその営みに重点を置く、そういう考えに変わっていかないといけない。

たとえば住宅の設計をお願いするとき、いい建築家に頼んだからといって、いい住宅ができるわけじゃない。そもそも、いい住宅は建築だけでは成立しない。そこに暮らす人、それぞれによって住まい方は違うわけだから、ここで食事をとり、ここでくつろぎ、そこから子どもたちが遊んでいる風景が見たいんだ、そのためにこういう住まいが必要なんだ、そういうことからプランニングをつくっていかないといけない。

だから建築家にそういう発想が必要なことはもちろんだけれど、住む人間にもそこに住む意識をちゃんともつことが大切になる。内側から発想すること。それともうひとつ、人の振る舞いというものに、もっともっと神経を使わないといけない。商業空間であってもそれは同じことだと思う。

人間の振る舞いを理解する

島崎　以前、池袋の東武百貨店の空間デザインをしていたとき、食料品店エリアの仕入れにも携わることになったことがある。当時、東武線沿線に家族だけでやっているかりんとう屋があって、とても評判だったから、その商品を仕入れようとした。それで担当者にお店まで交渉に行ってもらったところ、断られたんだよね。理由を尋ねると、家族だけでやっているからとても開店時間に納品できないし、量も十分に納められないと。ぼくはそれを聞いたときに、納品については取りにいけばいいし、欠品してもかまわない、と答えた。ほんとうにおいしければ、それでいい。大切なことは、お客さんにそれを届けることだから。

それで実際に扱うことになったんだけど、たちまち人気になって、毎日行列ができるようになった。行列ができるとにぎわいが生まれる。そこから食品エリア全体にいい影響が生まれる。欠品がどうとか、そういうことは重要じゃない。おかげさまで売り切れました、それでいいじゃない。また仕入れればいいんだから。

吉里　日本の商業施設で欠品はなかなかゆるされません。

島崎　欠品がないというのは、捨てるものがものすごく増えるってことだよね。それが習慣化しているからだれも気に留めないけれど、よく考えたらおかしい。だから欠品していてもいいように、それだけ魅力があるようにしてあげたらいいんだよ。そういう意味でも、内側からの発想が必要。それを実現するためには人間の振る舞いを知らないといけない。

ローカルとグローバル、ふたつの感受性

島崎　いまはグローバルな時代でしょう。ただ、グローバルといっても地球全体が均質なわけじゃない。環境も言語も文化も、それぞれに異なっているわけだから。グローバルになったのはあくまで移動にかかる時間的経済的なコストが削減されたという、ほとんど資本にかんしてのことだよね。概念としてなら、たとえば安全や平和、あるいは衛生といったものはグローバルであっていいと思うが、本質的には世界は多様なローカリティに支えられている。だから、グローバルであること以上にローカルであることを考えないといけない。

ぼくは3年くらい前から京都とデンマークの共同プロジェクトにかかわっていて、その一環で京都の町家にデンマークの椅子を導入するということを試してみたことがある。京都といえば日本の伝統文化がいまなお色濃く残る都市で、そのなかでもとくに伝統的な家屋である町家にミッドセンチュリーの名作と呼ばれる椅子を並べてみたのだけれど、全然だめだった。まずモジュールの規格からして合わない。そこの住まう人に合わせて、あらゆるモノはつくられているわけだから、京都の町家のような空間には、上背のあるデンマーク人が使う家具は、そもそもスケールが馴染まない。つまり、そういうことがローカリティなんだよ。このローカリティが相互の理解や交流を阻むこともあるけれど、一方でそれがあるから、ほかの国の人が関心をもったり、驚いて訪ねて来てくれたりもする。

いまは世界の都市、とくにアジアの都市は、高層ビルが建ち並び、大型のショッピングモールが出来、似たような風景になってきている。ちがいがあるとしたらその規模だけというように。でも、ほんとうに世界がそれで覆い尽くされてしまったら、今度はかならずローカリティを感じられる空間が求められるようになる。そういう揺り戻しのなかで、人間社会や文化は、ゆっくりと醸成

されてきたわけだ。

そしてそういう文化の変遷を立体的なモデルとして捉えることが大切。ここでいう立体的というのは、時間軸とそこで蓄積された経験のこと。過去のデザインが復刻されて再度隆盛することはリバイバルと呼ばれるけれど、リバイバルは過去のコピーではない。過去から現在までの蓄積というものがある。その蓄積のなかでなにが起きているのかを捉えることが肝心で、そこの中心にあるのはやはり人間の生活であり、感情なんだよ。その感情のなかに、ローカルな感受性と、グローバルなヒューマン・ビーイング＝人間としての感受性、すたつのベースがある。それをどれだけ理解しているかが、これからのデザイナーには間違いなく求められるだろうね。

おもしろい時代を生きている

島崎　いまはこれまでにない技術がつぎつぎ登場して、それによって人間の認識がガラッと変わるような事態が、日常的に起こっている。技術に使われてしまってはいけないけれど、歴史に学び、人間に学び、社会における自分の役割をきちんと理解すれば、とてもおおきな可能性が開けてくる。

これは自分が学生を教えていたころから感じていただことだけれど、いまの若い人たちは、つい頭でっかちになってしまって、失敗することばかり考えてしまっている。でも、大切なのはとにかく一歩を踏み出してみること。だめだったらどうしようと考えるのではなくて、とにかくなんでも、まずやってみる。やってみて、触ってみて、話してみて、食べてみて、行ってみる。そういう小さくてもいいから具体的を一歩踏み出すこと。

そういう一歩を積み重ねていくことで、いつしかやりたいことや、自分なりの考えのようなものが出来上がってくる。でもそれが絶対に変わらない答え、というわけでもない。人間なんだから考え方が変わることもあるし、やってみたら、これは思ったより大変かもしれないとか、とても考えていたスピードではいかないとか、いろんなことがあるわけだよ。そういうときは、そこで修正していけばいいだけの話。やり直しがきかないことなんてないんだから。

ただし、そういうときに闇雲に道を変えるんじゃなくて、どんなときでも目標になる星だけは見つめていないといけない。進む先は山あり谷あり、道も曲がりくねっている。そのとき、目標となるものをしっかりと、具体的にイメージすることができていれば、どんな状況になっても、どんなかたちになっても、対応することができる。つまり人生のコンパスのようなものだね。

そしてそれは、自分自身が、生活し、他人と関わり、仕事をし、その仕事をつうじて社会と接点をもつことで育てていく問題意識や理想のようなものから生みだされる。与えられるものでも、また教えられるものでもない。だからこそ、しっかりとした生活意識をもち、横断的な教養を身につけ、人への理解を深めることが大事になる。これはなにもデザイナーに限った話じゃない。およそ「クリエイティブ」と呼ばれる職能にあるすべての人間に求められる素質のようなものだ。

そうやって少しずつステップをあがっていくと、見える景色が違ってくる。低いところにいたのでは遠くは見通せないが、徐々に高いところへ登り詰めていくことで、風景が開けてくる。

いまはおもしろい時代だよ。なんでもありで、あらゆる可能性に開かれている。わくわくするね。こんなにおもしろい時代はない。せっかくそんな時代に生きているんだからさ、おもしろがって生きていかないともったいないじゃない。

[1] **ミッドセンチュリー Mid-Century** 20世紀半ば、1940〜60年代を意味するが、とくにこの時期に生まれた家具デザインのスタイルを指すことが多い。プライウッド（合板）やFRP（繊維強化プラスチック）技術により、曲線を多用した造形を生みだし、ポップな色彩ともあいまって戦後の家具デザインの新潮流となった。代表的なプロダクトにチャールズ&レイ・イームズの「シェルチェア」など。デザイナーとメーカーが信頼関係を結び、機械加工による量産と広範囲の流通網を実現したことで、日用品として高水準の家具デザインが達成された。ミッドセンチュリーの家具デザインはおもにアメリカから発信され成功を収めたが、この時期には世界各地で新技術や文化が誕生し、すぐれたデザインが生まれている。

[2] **福田繁雄 ふくだ・しげお（1932-2009）** 東京生まれ。戦争の激化により12歳で母親の実家のある岩手県に疎開。53年、東京藝術大学美術学部図案科に入学。在学中から日本宣伝美術協会展などに出品し受賞多数。

卒業後は味の素広告部を経て、河野鷹思［4参照］のデザイン会社「デスカ」の設立にかかわったのち、59年よりフリーのグラフィックデザイナーに。絵本制作や「グラフィックデザイン展ペルソナ」（65年）への参加、日本万博博覧会のサイン計画（69年）、札幌冬季五輪参加メダル、ピクトグラム、公式ガイドブックの制作（71年）などを通じて世界的な注目を集める。立体作品も制作し、67年にはNYのIBMギャラリーで個展を開催。大胆な構成とユーモア溢れる仕掛けに満ちた福田のデザインは、60年の世界デザイン会議で出会ったブルーノ・ムナーリと、錯視表現を駆使したオランダの画家マウリッツ・エッシャーから、深い影響を受けているとされる。戦後日本を代表するグラフィックデザイナーのひとり。

［3］仲條正義　なかじょう・まさよし（1933-） 東京生まれ。56年、東京藝術大学美術学部図案科を卒業後は資生堂宣伝部入社。59年、河野鷹思［4参照］のデザイン会社「デスカ」に参加する。61年に仲條デザイン事務所設立。以後、資生堂企業文化誌『花椿』のアートディレクションとデザインをはじめ、ザ・ギンザ／タクティクスデザインのアートディレクションとデザイン、松屋銀座、リコールスパイラル、東京都現代美術館、細見美術館のCI計画、資生堂パーラーのロゴタイプおよびパッケージデザインなど、グラフィックデザインの最前線で活躍を続けている。強烈な色面構成とモダニズムの文脈では捉えきれないイメージを組みあわせて展開される仲條のデザインは、単純な美醜の範疇を飛び越えて独自の造形力を生みだし、同世代や後続世代に多大な影響を与えている。

［4］河野鷹思　こうの・たかし（1906-99） 本名・孝。東京生まれ。29年、東京美術学校（現・東京藝術大学）図案科卒業後、松竹キネマ（現・松竹）宣伝部に入社、広告デザインに従事しながら、映画・演劇・舞踏の舞台美術も担当する。34年、名取洋之助が主宰する日本工房（第2次）に参加、山名文夫、亀倉雄策らとともに対外宣伝誌『NIPPON』をデザイン。41年徴用されジャワ派遣軍宣伝班に配属、ジャカルタで終戦を迎え、1年間の抑留を経て46年に帰国。戦後は日本宣伝美術協会の創設（51年）、グラフィックデザイナーによる国内初の展覧会「グラフィック'55」展（55年）に参加するなど、日本のグラフィックデザイン界の発展に寄与する。59年、デザイン事務所「デスカ」設立。60年に開催された世界デザイン会議ではシンボルマークをデザインし、実行委員も務める。また武蔵野美術大学、女子美術大学、東京藝術大学、愛知県立芸術大学でデザイン教育に携わり、後進の育成にも努めた。河野のデザイン活動は多岐にわたりそのスタイルもさまざまだが、映画や舞台の宣伝美術におけるレタリングの妙、書籍や雑誌に見られる時世に気を配りながらもそれに流されない普遍性など、現在でも学ぶべき点は多い。

［5］柳宗理　やなぎ・むねみち／そうり（1915-2011） 東京生まれ。父親は民藝運動の指導者で思想家の柳宗悦。34年、東京美術学校（現・東京藝術大学）洋画科入学。講義を通じてル・コルビュジエ［11参照］の存在を知り、デザインに関心を抱くようになる。42年、坂倉準三建築研究所に入所、翌年陸軍報道部宣伝班員としてフィリピンへ派遣され、現地で終戦を迎える。46年に帰国すると工業デザインの研究に着手。50年、柳インダストリアルデザイン研究所を開設。戦後の経済成長期にあって安価で粗悪な製品が流通するなか、流行に左右されることのない、質の高いデザイン製品を開発することに尽力し、「バタフライスツール」「白磁土瓶」などを世に送り出す。製品の機能と素材の性質を考え抜いて生まれる造形は、父・柳宗悦が唱えた「用の美」を、工業製品としてみごとに結実している。

［6］デンマーク王立芸術アカデミー　Det Kongelige Danske Kunstakademi　１７５４年に創立されたデンマークを代表する芸術大学。設立当時は肖像画、彫刻、建築のためのアカデミーだったが、現在は大きく「建築」「デザイン」「文化財の保護・修復」にかんする3つの専門学部と、そこに属する6つの研究所（「建築・都市・景観」「建築・文化」「建築・技術」「建築・デザイン」「ヴィジュアルデザイン」「保護・修復」）からなる高等教育機関として、国内外からもさまざまな人材が集まる。教育を社会に結びつけることにも意欲的で、学術的・芸術的リサーチ活動やその成果報告、アカデミー主催による展覧会、企業とのコラボレーションも積極的におこなっている。

［7］オーレ・ヴァンシャー　Ole Wanscher（1903-85）　家具デザイナーで学者、教育者。１９４０年初頭にはじまるデンマークモダンデザイン黄金期の礎を築いたコーア・クリントのもと、王立芸術アカデミー［6参照］で家具デザインを学ぶ。28年に独立、40年代から60年代にかけて「コロニアルチェア」「セナートル」などの椅子を発表する。55年からはクリントの後を継ぎ、王立芸術アカデミー家具科の教授として指導にあたる。ヴァンシャーの家具デザインは、人間工学にもとづいた機能性と、古典的な家具への深い理解に支えられている。美術史家の父ゆずりの研究家肌で、家具の歴史的背景を調べるためにヨーロッパ各地やエジプトへ研究旅行に出かけ、その成果を論文として発表し、書籍も執筆した。手仕事の高級家具をデザインするだけではなく、機械加工による量産可能なデザインによって、人びとの生活のなかに質の高い家具デザインを送り届けることに成功した、最初期のデザイナーのひとりでもある。

［8］ハンス・ヨルゲンセン・ウェグナー　Hans Jørgensen Wegner（1914-2007）　20世紀を代表する世界的な家具デザイナー。13歳で家具職人に弟子入りし、17歳で指物師のマイスターの資格を取得する。36年から38年までコペンハーゲン美術工芸学校で家具設計を専攻。40年からアルネ・ヤコブセン［9参照］の事務所に勤務し、43年に独立。以後、コペンハーゲン美術工芸学校で教鞭を執りながら家具デザインに従事、５００脚をこえる椅子をデザインし、その多くが名作として高い評価を得ている。ウェグナーのデザインの特徴は、家具職人としての技術と知識に裏打ちされた木材への深い理解にもとづき、部材の接合部分にまで神経の行き届いた滑らかで自然なカーブから生まれる美しいフォルムにある。装飾を削ぎ落としたミニマルな造形でありながら、不自然なところがなく温もりを感じさせる。ヨハネス・ハンセン社［12参照］やカール・ハンセン&サン社などのさまざまなメーカーと協働、良質な椅子を量産し、椅子のデザインの質を大いに高めた。なかでも「Ｙチェア」［13参照］は大きな反響を呼び、現在も製作されつづけてる空前のロングセラーとなっている。

［9］アルネ・イミール・ヤコブセン　Arne Emil Jacobsen（1902-71）　モダンデザインを代表する建築家・デザイナーのひとり。24年にデンマーク王立芸術アカデミー［6参照］建築科に入学。コーア・クリントらに師事し多大な影響を受ける。卒業後は建築事務所に勤務、29年に参加したコンペのデザイン案が注目を集め設計依頼が増加したことで独立。40年にデンマークがナチス・ドイツに占領されるとスウェーデンに亡命。戦後帰国すると家具デザインにも着手、「エッグチェア」「セブンチェア」などを発表する。56年にはＳＡＳロイヤルホテル（現・ラディソンブルーロイヤルホテル）の建築設計、インテリアデザイン、カトラリーデザインにいたるまで総合的なデザインを実現。デンマーク王立芸術アカデミーで教授を務めるなど、後進の育成にも尽力した。ＳＡＳロイヤルホテルのトータルデザインに見られるように、ヤコブセンの仕事はたんなる建築家あるいは家具デザイナ

ーの範囲に収まるものではない。シンプルな造形と機能美の調和をめざし、細部にも妥協を許さず、みずからの理想とするデザインを追い求めた。そのデザインはモダニズムに分類されるものであることはたしかだが、たとえばエッグチェアのフォルムに顕著なように、そこには自然界に存在する美とその多様性が反映されているといえる。

[10] **森鷗外　もり・おうがい（1862-1922）**　本名・林太郎。小説家、評論家、翻訳家にして陸軍軍医。医者の家系に生まれ、幼少時より論語や孟子、オランダ語などを学ぶ。72年、10歳で父とともに上京し、第一大学区医学校（現・東京大学医学部）予科に12歳で入学。講義のかたわら漢方医書や文学、漢詩・漢文に親しむ。81年に本科を卒業後は陸軍軍医となり東京陸軍病院に勤務する。82年から88年までドイツに留学、帰国後は軍医として医療活動に従事しながら、「舞姫」「雁」「高瀬舟」などの小説を執筆するほか、文学評論や小説・戯曲の翻訳も手がける。男尊女卑の風潮がつよい時代にあって、樋口一葉、与謝野晶子、平塚らいてうなどをいち早く評価した。幅広い教養を備え、文化的な事柄に積極的な興味を示した、まさに第一級の知識人。

[11] **ル・コルビュジエ　Le Corbusier（1887-1965）**　本名シャルル＝エドゥアール・ジャンヌレ。住宅建設のための構造システム「ドミノ」を考案したことで、19世紀的な様式にとらわれていた建築を解放し、自由な平面と立面からなる近代建築を実現した。生まれはスイスだが、17年にパリに移住、22年に自身の建築事務所を構える。以後、「近代建築の5原則」（ピロティ、屋上庭園、自由な平面プラン、水平横長の窓、自由なファサード）や、人体比率にもとづいた独自スケール「モデュロール」を提唱、建築を環境と人間と建物の調和をもたらす装置として位置づけ、「サヴォワ邸」「ロンシャン礼拝堂」など数々の名作建築を遺す。また建築だけでなく、絵画や彫刻、家具のデザイン、著作に詩集、さらにはみずから編集長となって雑誌も刊行した万能人。その建築作品と思想は現在も多くの人びとに影響を与え続けている、20世紀最大の建築家。

[12] **ヨハネス・ハンセン社　Johannes Hansen**　デンマークの家具メーカー。1940年代から70年代にかけて、職人による高い技術力に支えられた家具デザインをプロデュースした。それを支えたのがハンス・ウェグナー［8参照］のデザインである。両者の協働は40年、同社の職長を務めていたニルス・トムセンが当時26歳のウェグナーの才能を見出したことにはじまる。「チャイニーズチェア」「ザ・チェア」など傑作と呼ばれるデザインを生みだした。同社は92年に廃業し、ウェグナーのデザインはPPモブラー社などに引き継がれることになったが、ヨハネス・ハンセン社製のウェグナーデザインはオリジナルとして現在も高い評価を得ている。

[13] **Yチェア　Y Chair**　ハンス・ウェグナー［8参照］の代表作と呼ばれる椅子。正式名称は「CH24 Y Chair」。1949年にデザインされ、50年から生産を開始。以後、60年以上にわたって製造されつづけている、北欧モダン家具を象徴する世界的ロングセラー。丸棒を丁寧に曲げ加工したアームと、ゆるやかにカーブするY字の細い背板、アーム前方へ向かってカーブする後ろ脚、天然パルプを1本1本丁寧に蠟引きしたペーパーコードからなる座面は、見た目の美しさはもちろんのこと、使うほどに身体になじんでくる。ウェグナーがもつデザイナーとしての造形能力と、家具職人としての素材への理解が余すところなく発揮されたマスターピース。

空間デザインの未来形

上垣内泰輔との対話

素材について理解すること、モノと人の関係を考えること――丹青社に勤めた9年間は、空間をデザインするとはどういう行為なのかを、実地で学ぶ日々だった。優秀な先輩や同僚と切磋琢磨する環境にあって、ひときわすぐれた仕事をされていたのが、上垣内泰輔さんだった。

上垣内さんは1988年の入社以来、あらゆるジャンルの空間をデザインされてきた。おもだった業績をあげるだけでも「HANA吉兆」「並木藪蕎麦」「ベルベリー」など、この仕事に携わっていれば知らない人はいないものばかり。国内外で数々のデザイン賞も受賞されている。

上垣内さんは2015年の丹青社移転にともなう新オフィスの設計を手がけ、講演活動にも積極的に取り組まれている。その姿は、自分の目には、自身の活動をつうじて空間デザイナーのあたらしいあり方を示しているようにも感じられた。

いま上垣内さんの目には、空間デザインと空間デザイナーはどのように映っているのだろうか。それはどのような光景なのだろうか。お話をうかがいに、丹青社のオフィスを訪ねた。

上垣内泰輔 **かみがいち・たいすけ**　株式会社丹青社プリンシパル クリエイティブディレクター。1965年広島県生まれ。1988年丹青社入社。飲食店からアパレルまで専門店の店づくりを数多く手がける。分析と考察をもとに、老舗の品格やブランドの神髄を抽出するデザインの技術を駆使。対話の積み重ねを大切に、事業をサポートしている。主な実績に「HANA吉兆」「並木藪蕎麦」「ベルベリー」「BASELWORLD SEIKO Stand（2008〜）」（スイス）など。ディスプレイデザイン賞優秀賞、JCDデザインアワード奨励賞、SDA賞優秀賞&招待審査員賞、ADAM賞2008（ドイツ）ブロンズ賞ほか受賞多数。

空間がもたらす作用

上垣内　丹青社ではべつの部署にいたから、ぼくは吉里とはそんなに一緒に仕事をしてきたわけじゃない。だけどすごく記憶に残っているのは、アパレルブランドのワールドが開いたコンペに応募したときのことで、丹青社からも吉里とぼくを含めて、何人かのデザイナーが応募したことがある。そのとき、うちからいちばん最初に入賞の知らせが届いたのが、吉里の提案した「縁側」をコンセプトにした案だった。コンペなので同じ社内でも互いのデザインについては知らされていなかったから、「そうか、縁側か。そういう考え方か」と感じたことを鮮明に覚えている。自分にはないアイデアや発想をする、たのもしい後輩が育ってきたことがうれしかったし、自分のところにコンペの結果が届かないことに少し焦りも感じて。結局、ぼくの案も入賞して、先輩としての面目は保たれたんだけど（笑）。

　だから吉里が独立したあとも、ずっと仕事には注目していて。退社後はそんなに会う機会もなかったけれど、cmykがどんどん大きな仕事をしていって、吉里自身もポテンシャルをあげていっていることは、同じ空間デザイナーとしてまた同じ会社で働いたことのある先輩として、すごくたのもしく思っていた。

吉里　そういっていただけてうれしいです。自分の上垣内さんの印象は、とにかく仕事ができる先輩というものでした。まわりは優秀な先輩方がたくさんいましたが、上垣内さんはちょっと頭抜けていたというか、私が入社して1、2年の時点で、当時30歳で課長になられていた。丹青社の歴史のなかでも異例のスピード。ちょうど社内で模型をつくる課題を与えられて、その担当が上垣内さんだったので、独立志向のつよかった自分は、仕事の進め方や考え方、デザイナーとしての態度についてなど、お話をうかがいにいったことがあります。

　丹青社は２０１５年に、それまで上野にあった自社ビルを売却し、現在の品川・港南地区へ移転、新オフィスをオープンさせました。上垣内さんはその新オフィスの設計を手がけ、また現在も丹青社のトップデザイナーとして、社外での活動はもちろんのこと、社内での活動にもリーダーシップを発揮されています。自分が独立したのは2007年ですが、やはり新社屋移転後の丹青社は、それまでと同じ業界最大手のひとつでありながら、組織としてのありかたを変化させているように感じています。おそらく、自分が働いていたころとは組織としての質が大きく変わってきているのではないでしょうか。

上垣内　丹青社はここ10年くらいでほんとうに変化したと思う。吉里が聞いてくれたように、もしかしたら根幹から変わりつつあるのかもないけれど、とくに変化のスピードが上がったきっかけはやはり新オフィスへの移転。

丹青社は上野で37年間活動していた。吉里はよくわかっていると思うけれど、上野時代は、業界大手といっても部門ごとにビルやフロアに分かれ、すごく雑然としていた。狭い空間に人とモノがひしめきあっていて、机のまわりも資料や荷物でごった返しているから、ほんとうはかなり広いデスクのはずなのに、じっさいにはA3用紙くらいのスペースでしか作業ができない状態だったり。そういう「現場感」みたいなものがあった。

それがいい意味で作用することもあったけれど、会社の規模が大きくなるにつれ、社員としては違和感を感じるようになっていった。丹青社は2000年に東京証券取引所市場第一部に上場しているんだけれど、そのあたりから会社の社会的な立場と自分たちの働く環境とが、どこかそぐわないという感覚は、おそらくみんな抱いていたんじゃないかな。

新オフィスへの移転にかんしては経営陣の意思決定によるものだったけれど、移転してみて働く環境が変わることでもたらされた影響には、ちょっと想像以上のものがあった。基本的にはフリーアドレスで、紙の資料はもたずにすべてデータ化してクラウドで共有し、打ちあわせはガラス張りの抜けのいい空間でモニターを映しながらやる。立派で開放的なエントランスとロビーがあって、だれが訪ねてきても、自分が働いている環境を胸を張って紹介できる――そうなった瞬間、人の精神性というものはすごく変わる。プライドが高くなるということじゃなくて、基本的な自信のようなものが生まれるんだよ。ふだん空間デザインの仕事をしているから、空間がもたらす作用については理解していたつもりだったけれど、それでも驚かされるものがあった。

吉里　場所の力、空間のはたらきのなかで人の考え方や感情がどう変わるのかを、自分の会社、自分がつくった空間で身をもって経験されている感じなんですね。

空間がつくれる人材の価値

上垣内　丹青社の環境は変わっていっているのだけれど、それとはべつにこの数年、少し考えていることがある。それはうちを志望してくれる若い人を通じて感じていることで、この業界の将来にもつながる問題でもある。なにかというと、空間デザインや空間デザイナーの存在そのものが、変革の時期にあるのではないかということ。

ぼくはこの10年ほど、採用試験の面接官を担当しているんだけど、年を追うごとに美術大学出身以外の受験者が増えている。つまり専門的なデザイン教育を受けていない人材が、業界に参入してくる傾向がつよまっている。

それと面接をしてみると、多くの受験者が「空間をつくるだけでなく」とか「機能性とデザイン性の両立を果たすだけでなく」とか、「だけでなく」というフレーズを使う。あるいは「空間づくりをつうじて社会貢献をしたい」「社会における役割を果たしたい」といった言葉もよく耳にする。ぼくのように現場での経験をとおして会社に育ててもらった人間からすると、そういうことはまずきちんと空間をつくれるようになってから考えること、という認識なのだけれど、彼ら／彼女らはそうじゃない。

その理由はどこにあるのかと考えると、もしかすると空間をつくることがゴールではないという教育を受けているのかもしれない。つまりモノをつくることがデザインのゴールじゃなくて、その先にある事業価値を生みだすことこそがデザインの本質である、というような教育。

もうひとつ考えられるのは、生活のなかでそういう実感をもっているということ。たとえば、その空間そのものにじかに感銘することはないけれど、通うことが好きなカフェがあります、というような感覚。

後者であれば、ぼくはその実感から空間デザインへの意識が成熟していく種があると思うけれど、前者にかんしてはいまのところ懐疑的でしかない。

吉里　自分もそのことはいま非常につよく感じていま

す。結局、モノをちゃんと見て、自分の手で触れて、その実感をもって空間をデザインすることができなければ、空間の本質、人間と空間との関係を捉えることはできないと思います。理論をもつことは大切ですが、実体験としての空間理解がともなわないと、たんなる空理空論になってしまって、人のこころを打つようなことは起こりえない。そして空間に対する実体験は、みずからの手でデザインして、空間が立ち上がっていく過程を、身体で体験することをつうじてしか培うことができません。

上垣内　ほんとうにそのとおりだと思う。大きなビジョンを語ることを否定するつもりはないけれど、そういう若い人に実力がともなっているのかというと、やっぱりデザインが未熟だったり、センスがまだまだ磨かれていなかったりすることが多い。ただ一方で、いま空間デザイン業界に求められている要素として、デザインをする先にあるモノやコト、具体的には事業のブランディングといった部分も含めた価値の創出があることも事実だよね。だからそういう人材はこれからますます求められるようになるだろうし、じっさい、丹青社でもそういう人を採用する流れにはある。ほかの会社の人に話を聞いてみても同じような問題に直面している。

でも、やっぱり自分で空間をつくれる人が一定数いないといけない、ぼくはそう思っている。いま現在の丹青社や、もっと広くいえば空間デザイン業界全体の業績はけっして悪くないし、それはこの先もまだしばらくは続くと思う。だけど、ぼくは30年ほどの社歴のあいだで大きなリストラを2度経験している。会社の経営がどうということではなくて、経済原理が抱える宿命として、環境変化に対応しなければその日はまた来る可能性はある。デザイナーの人員整理が避けられなくなって、そのときに内作できなかったらどうするのか。いくらディレクションでいいコンセプトを立てられて、ネットワークを駆使して仕事を効率よくまわして生産性が高くなっても、社内で空間デザインをしなければならないときに、レベルの高いデザインを、精度の高い図面を、魅力的なスケッチを描ける人材がいないようなことになってはならない。だから、それが社内の何割なのかはわからないけれど、専門性の高い人材を残していかなきゃいけないと、個人的に思っているんだよね。

デザイン言語をもったディレクターの必要性

上垣内　とはいっても、むかし気質の職人的デザイナーをただ育てればいいという話でもない。じゃあどうすればいいのか。ぼくがいま考えているのは、ほんとうに手を動かせることと同等の価値をもつクリエイティブディレクターを育てること。それはデザイナーと同じ深さ、同じ視点でデザインについて語り、理解することができる人を育てることでもある。もちろんスケッチを描きながら話ができてもいいのだけれど、現代における空間デザインや空間デザイナーに求められる資質を考えると、生産性をあげながら創造性を向上させる、ほんとうの意味でのクリエイティブを実現するには、そういうあたらしいタイプのディレクターが必要になる。あくまでも個人的な意見だけれど、ぼくはそういう気がしている。

吉里　生産性を求めることと創造性を求めることはイコールではないですからね。両者を担保しながら仕事をまわしていかないといけないけれど、予算や納期が限られている現実的な制約を前にすると、われわれはどうしても生産性を優先してしまいがちで、創造性はなかなか視野に入れにくいですし、考慮したとしてもその比重をどう考えるのかは、日々解決に悩む課題でもあります。

上垣内　そのふたつの要素のどちらも考えるためには、自分自身の手でなにかを生みだすことを、しっかり経験していないと難しいと思う。その経験自体は仕事をつうじて培ったものじゃなくてもよくて、たとえば個人の時間に制作をするのでもいいし、もしくは逆に、10年なら10年、社内の仕事を受けられるだけ受けてひたすら手を動かすのでもかまわない。そういう人が十分な経験を蓄えたあとで、デザイン言語をしっかりともったまま、ほんとうは描けるのだけれど描かない人になったときに、なにが変わるのか。それを見てみたい。

吉里　モノづくりの現場に触れていないと、最先端の創造性を磨くことはできないですからね。それがないとたんなる管理職にしかならなくなってしまう。

上垣内　同時にデザイン言語自体はすぐに廃れるものでもあるから、自分の手を直接動かさなくなったとしてもアップデートは続けていかないといけない。そうしないと、どこかで言葉が響かなくなるときが来ることになる。ただ、そういう人間はこれから先に現れてくることだから、それでほんとうにクリエイターになれるのかどうか、正直なところぼくにはまだわからない部分もあって。

最初から「クリエイティブディレクターになりたいからデザインはやりません」という人が入ってきて成功する事例ができたら、その成功体験はわかりやすくみんなが追いかけられると思う。はじめから純粋にクリエイティブディレクターになる、あるいはクリエイティブディレクターをつくっていくと考えると、これまでのデザイナーとはちがう体験をすることになっていくと思う。そういう人はまだいないけれど、そうやって成功する人が出てきたら、ぼくがいま感じている不安や疑問も払拭されるのかもしれないね。

ただ、ぼく自身は最後までデザイナーでいようと思ってこの職に就いた人間だから、いまでも描き続けている。そういう人間として、会社に、この業界になにを残していけるのか、それはつねに考えている。

建築とソフトをつなぐ

吉里　空間デザイン業界は、業界としてまだまだ弱いというか、成立しているようでいて成立していない部分がたくさんあると思います。この仕事の内実が社会にきちんと浸透していない、理解されていないのかもしれない。というのも、自分の事務所のスタッフに、職業について聞かれたらなと答えるかと質問しところ、みな一様にとまどいを見せたからです。「デザイナー、といっていいんですか」そういうリアクションでした。自分にはそれはとても象徴的に見えました。

上垣内　業界に対する危機感については、日本の空間デザイン、インテリアデザインが、戦後、職能開発からスタートしたことから創造性にスポットがあたらない経緯があり、そしてバブル期にはその反動で創造性にばかりスポットがあたってしまった流れがあるなかで、現在の状況におおきな課題を感じている。その状況というのは経済的な地位ということではなくて、吉里がいうような社会的認知や、興味関心の集まりかたということ。たくさんの有名な事務所が人材不足で悩んでいる。

10年前だったら考えられなかったような状況がどうして生まれたのか。ひとつには、建築とインテリアの境界があいまいになってきていることが考えられると思う。その背景には、それまでシンボリックなデザインによって差別化のツールとして使われていた建築や空間というあり方から、きちんと使いこなせて、さらにいえばそこで展開される事業をあと押ししてくれるような建築・空間をつくってほしいという、クライアントの要望の変化がある。建築もインテリアもそれぞれに特有のシンボル性という評価軸があったはずが、同じ課題解決へ向けて、建築＝外側からのアプローチ、インテリア＝内側からのアプローチに変わっていった。結果、両者を分け隔てる職能と創造性の境界は溶けて混じりあうことになった。

ぼくたちが具体的になにをしているのかをきちんと伝える必要性はますます高まっている。この業界がどのようなところなのか、この仕事にどんな役割があり、それが社会のなかでどのように機能するのかをきちんと定義づけて、それを学生にも、クライアントにも伝えていかなければいけない。口でいうのは簡単だけれど、それはものすごく難しいことだよね。でもそれを定義しないと。

吉里のスタッフの話ともつうじるところがあるけれど、先日ひさしぶりに会った旧友にいまなにをやっているのかと聞かれて、インテリアデザイナーだよと答えたら、「家具をつくっているのか」といわれた。社会人になって30年近くが経つけれど、この仕事の内実はじつはなにも伝わっていないかもしれない。ぼくらが自明だと思っていることは、社会的にはまったく自明じゃないのかもしれない。そんな状況にもかかわらず、空間デザインの現場では日々価値が変わっていっている。このままでは、いずれだれもついていけなくなってしまうかもしれない。

空間デザイナーという職能についての、いまのところのぼくなりの定義は「建築とソフトをつなぐ人」。最近、建築家が空間デザインの賞を獲ることが増えてきているよね。それは建築家の仕事が空間デザイナーの領域に拡張しているというよりも、先ほども話したように、建築に求められるものがシンボル性から変化しているためであって、そうなると仕事の内容が空間デザインと同じになってくる。同じことは空間デザインにもいえて、内装のことだけじゃなくて、建築的な部分にも関わらざるをえなくなってきている。

吉里　自分も建築家と変わらないやりとりをしていると思うところもあります。

上垣内　そう。インテリアをやっていても、建物のなか全般をやってよ、という仕事もあるじゃない。だから結局は同じ仕事をしているのかもしれない。ただし、専門としている領域、あるいは課題へのアプローチが異なることは事実で、やはり内側からの発想は空間デザイナーのほうが長けていると感じている。だから、ファサードを建築家が、内部空間をぼくたち空間デザイナーがやればいいのかもしれないし、じっさいそうやって仕事をしているケースもある。それはクライアントが空間づくりに対して理解があるから実現したことだけれど、そういう形で建築家と協働していくことは、ぼくは全然ありだと思うし、業界としてもっと浸透していいと思っている。

吉里　差別化するというよりも……。

上垣内　一体化する。競合するのではなく、補いあうのが理想なのかもしれない。そしてそれはデザイン言語と同じことなんだよ。言葉を発しても相手が理解できなかったり、こころに刺さらなかったら話がはじまらない。お互いが感動しあえないと一緒に仕事してもなにもならない。自分の考えと相手の意志をつなげるものがデザイン言語。スケッチを描くことまでを言語と呼ぶべきなのか、言葉で発するだけを言語と呼ぶべきか、そこはちょっとわからないけれど、コミュニケーションを媒介する存在として、デザイン言語があると思っている。

ホスピタリティという武器

上垣内　いまデザイン賞の設立（2019年から新生日本空間デザイン賞がスタート）にかかわっているのだけれど、そこでもこれまでとは少しちがう発想を共有しようとしている。これまでの空間デザインの賞では、基本的に提出するのはコンセプトシートと写真だった。でも、写真だけを見て空間を評価する時代ではないと思っている。そもそも写真だけでは評価できない。なぜなら写真に写らないものが、空間の価値を決定づけているから。

もともとの課題がなんであったのか、それを解決するためにどういう過程を経たのか、そして出来上がりがどうだったのか。そうした一連のプロセスを記録したドキュメントがあったうえで、最終的な結果を提示されるのでなければ、その空間の本質がどこにあるのかはわからない。そうしたことをみんながきっちり可視化して競いあうようになったら、空間デザインの社会的な認知にも貢献できるし、日本人デザイナーのよさを外へ、つまりは海外へ伝えていくこともできるようになるはず。

少し触れたけれど、日本の空間デザインはそもそも職能の開発からはじまっている。その結果、空間デザインがある種従属的な立場に置かれることになったとして、それを評価しない向きもあるけれど、ぼくはまずはそこを評価しないといけないと考えている。なぜならその歴史がこの国の空間デザインではもっとも長いわけだし、その職能にこたえることで技術を発展させてきたから。

そうやって発展してきた空間デザイナーの技術は、機能、事業、空間、ブランディングみたいなものを一本の軸で考える能力として、いま独自に結実している。それはたとえば吉里の仕事にもいえることだと思う。顧客の課題に深いところまで踏み込んで答える。そういう力になっているし、クライアントからしてみれば、それはホスピタリティが高いということでもある。

いま海外と仕事をしている空間デザイナーは、造形能力はあたりまえとして、みんなそうしたホスピタリティの部分を評価されている。でも、ホスピタリティは写真にはけっして写らない。だからこそ、プロジェクトの全体をきちんと伝えることが大切で、それが日本人デザイナーの価値を伝える役割も果たすことにもつながるはず。

吉里　そういう流れのようなものは、自分も感じているところです。デザインの力を借りて商業を成功させることが主流になっていますけれど、ここ数年、もう少し成功の目的、到達する目的が幅広くなってきている実感があります。たとえば商業的な成功だけではなくて、地域そのものを活性化させることが求められたり。ただ、それは経済的な効果を生まない、露悪的にいえばお金を生まないことでもあります。

上垣内　むずかしい話かもしれないけれど……先週、ラスベガスとロサンジェルスに出張に行ってきたんだよね。いまスタジアム関連の仕事をしていて、その関係で世界中のスタジアムを視察する機会に恵まれているんだけど、これまでにアトランタ、デトロイト、ニューヨークとめぐって、今度はラスベガスとロサンジェルスに行った。最初は建築的視点で見ていたものが、だんだんとインテリア的な視点で見るように変わっていった。つまりインフラからホスピタリティへと視点が移っていったわけだけど、最後には背景に行き着いた。つまりスポーツという文化が、アメリカ人にとってどれだけ人生を豊にし、大切にされているのか、親子三世代にわたってどういう価値をもっているのか、そういうことが見えてきたわけ。

文化の担い手を増やしていく

上垣内　それをすごく感じたのは、アイスホッケーの試合でコンコースにチャリティのカウンターが設置されている風景を目にしたとき。チームが販売している、選手のフィギュアやノベルティが入っている25ドルの袋を買うと、売り上げのすべてが闘病している小児ガン患者を支援する基金に寄附されるようになっている。アメリカのスポーツ選手は子どもたちのヒーローだから、その活動をサポートすることには意味があるし、トッププレイヤーほど自分が得た利益を慈善活動に寄附したりしている。ファンもチャリティグッズを買うことで、自分たちのチームや選手を応援し、同時に社会貢献することができる。規模の大小に違いはあるけれど、トッププレイヤーと同じ行為をすることになる。そのことがきちんと可視化されていた。このことは、はっきりいってあまりお金にはならない。でも、すごく長い目で見たときには、しっかりと利益を生みだすことにつながっていくんだよ。

当事者意識といったらいいかな。チームやプレイヤーがしていることと同じ行為をするということは、自分事としてその事業を引き受けることにつながる。それはたんなる消費者を、社会を構成する成員のひとりにすることにつながるし、そうやって文化というものが形成されていくことになる。文化の担い手を増やしていくことで、スポーツはたんなる産業ではなくなっていく。そうやって育てていくことで、結果的に大きな利益を生みだす土壊がつくられる。これからの空間デザイナーには、そういう部分での関わりも求められていくだろうね。

吉里はずっとそういうことをやってきたのだろうと思う。顧客の課題に深い部分で共感して伴走するからこそ、「まるごとにっぽん」（131頁）のような商業施設をデザインできる。それを突き詰めていくと、最後は課題解決を超えて空間を通したコンサルタントのようなものになっていくのかもしれない。ただそこでも、デザイナーであることはつよみとして現れてくるはずだと思っている。

クリエイティブディレクターの話ともつながるところで、つまりデザインを理解してコンサルタントをする、そこに価値が生まれてくる。だから、思わず手を動かしたら描いてしまいそうな、ということが、ディレクションにせよコンサルティングにせよ、やっぱりすごく大事になると考えているんだよね。

クリエイティブじゃない人なんていない

上垣内　あと、これは全然ちがう話なんだけど、新オフィスをオープンした年末に、丹青社と並んで空間デザイン最大手の乃村工藝社の中堅を集めて、合同忘年会をやったんだよ。両社から60人ずつ、合計120人で。両社はじまって以来のことで、若手対談、中堅対談、ベテラン対談も企画してひとつのイベントとして開催した。

丹青社のデザイナーが350人くらいで、乃村工藝社のデザイナーは280人くらいだから、2社を合わせると600名以上の空間デザイナーがいることになる。これは日本では圧倒的な人数で、ぼくはこれだけの空間デザイナーを擁している二社が、国力として果たさなければならない今後の使命というのが絶対にあると思っている。それを、いつまでも互いのことを自分たちの競合だと思い続けるだけでは不毛でしかないし、そんな関係は大きな損失でしかない。この600人を束ねて、同じ意識に統一しておくことは、今後かならず大切になる。

新オフィスの設計はぼくが手がけた。設計にかけた時間はおよそ2年。クライアントはうちの重役だからなかなかタフな仕事になったんだけれど、設計を完了したあとに乃村工藝社と丹青社とで忘年会をすることができた。設計の仕事はほんとうに大変だったけれど、役員と密にコミュニケーションをとることで会社の考え方を以前よりも深く理解できたことはよかった。それと、いろんな社員にもヒアリングをしたから、みんなが毎日誠実に仕事に取り組んでいることも、肌で感じることができた。

このオフィスになってから、デザインだけじゃなくてアート系のイベントやファミリーデーを開催したいなど、いろいろな企画があがってくるようになった。ぼくがいいなと思っているのは、そうした企画を立てている事業部からゼネラルスタッフまで多岐にわたること。デザイナー発信のものはじつはそれほど多くない。

でも新オフィスになってから、会社のブランディングやコミュニケーションに空間を活かしていこうという意識が芽生えて、積極的に動くようになっている。これも空間の力だと思うんだけれど、新しいオフィスに移転した当初、いろいろな人を招いて会社の説明をするような時期がしばらくつづいた。ほんとうに大勢の人にいらして頂き、それぞれの社員がお客さまをアテンドした。自分の会社について、自分の口で直接説明するようになったことで、いろいろな意識変革が起きたんだ。エントランスのここにオブジェを置きたいとか、受け付けに花を飾りたいとか、そういう要望が出てくるようになった。

すごくいい変化だよね。クリエイティブじゃない人なんていない、そういう実感をもてたことは、たぶん、ぼくがいま会社や後輩たちになにかを残そう、つないでいこうということにつながっていると思う。

吉里　丹青社と乃村工藝社につながりができることはすごくこころづよいことですし、重要だと思います。

上垣内　この忘年会がきっかけになって、いまでは両社の社長でミラノ・サローネに行くようにもなったんだよ。よかったなと思って。それも企業だからこそできること。ただ、また忘年会をやろうよとは言われているんだけど、なかなか準備が大変だから、ちょっと尻込みしちゃうんだけど(笑)。でも、いずれ第2弾をやりたいと思っているし、もっと広げてアトリエ系事務所も自由に出入りしてもらえるデザインプラットフォームになればいいと、個人的には思っている。そうやって具体的なつながりを生みだすことで、今日話したようなことが少しずついい方向に向かっていってほしい。

対話をおえて

今回の対談では大学でデザインの基礎を教わった島崎信先生、社会に出てデザインの業務の基礎を学んだ丹青社のデザインを牽引する上垣内泰輔さんからお話をうかがい、広義の「デザイン」がこれから目指すべきこと、空間デザイナーが今後どのような方向に進むべきかについて、とても多くの示唆を得られた。

島崎先生との対談では、あらためて「デザインとはなにか」について、造詣の深いお話を聞くことができた。社会に出て20年以上が経過し、空間デザインに関する仕事をひと通りこなすことができるようになったという自負がある。一方で、この20年間で、たんにデザインの技術だけでは解決できない事案も増えてきている。空間デザイナーに求められる職能は、これからも拡張を続けていくだろう。

今後は、空間デザインはもとより、学生時代に学んだプロダクトにも仕事の領域を広げ、空間との関係を踏まえたプロダクトデザインのあり方についても探求していきたい。商環境も、国内外の空間づくりに対する差がなくなりデザインが均一化してきているが、グローバル社会だからこそローカリティが魅力になってくるはずだ。地域性を意識したデザインの重要性を、空間デザイナーからも発信していかなねればならない――島崎先生の言葉に、背中を押していただいた。

上垣内さんからは、空間デザイナーのこれから、今後の空間デザイン業界のあり得べき姿とそこへ向けた変革について、刺激的なお話を聞くことができた。クライアントの要望の移り変わりが、建築や空間デザインへのアプローチに変化をもたらしている。それは空間のあり方そのものの変化を引き起こしていて、まさにいま変革の時期にある。上垣内さんの言葉には、空間を生みだしてから持続させるための仕組みをどうやって整えていくのかを見据えている透徹した視野を感じた。それは、上垣内さんがキャリアを重ね、空間デザインの第一線で仕事をつづけてこられたことで練りあげてこられたものなのだと思う。

上垣内さんのように、空間が持続するための仕組みづくりをおこっていくためには、社会問題を意識しながら社会とのかかわりをいま以上に深く、広くもつ必要があるだろうと感じた。

おわりに

美術大学に入学するまでは、千葉県の君津市で暮らしてきた。

君津は1960年代に当時の八幡製鐵、現在の新日鐵住金君津製鐵所が操業したことで発展した。明治からの歴史をもつ福岡県北九州市の製鉄所が関東にはじめてつくった巨大な製鉄所は、その操業開始にともない、会社の関係者が多く転入、それを受け入れるために団地が次々建設された。新日鐵に勤める会社員だった父もそんな団地に入居しており、私はそこで育った。

君津は松本大洋の傑作漫画『鉄コン筋クリート』の世界がそのままリアルに出現したような街。雑多な人の営みがあり、明暗が際立ち、生命力を感じさせる空間だった。計画的に整備された団地、少し離れたところに建てられた巨大な工場やコンビナート、街を行き交う多様な人びと。さまざまな要素がそれぞれを排除せず、しかし融合するのでもなく共存している。自分の親でなくとも、子どもの行動を見守り、ときに叱る——そういう生き生きとした空間のなかで育ったことが、いまの自分のベースになっていることは間違いない。

製鉄は火を止めることができない仕事で、24時間フル稼動。団地内を工場へ向かう循環バスが、朝から晩まで走っていた。大人たちは朝昼晩の3交代制で働く。絶え間なく働き続けている大人の後ろ姿を見て、私は育った。

小・中・高と部活に明け暮れるスポーツ少年だった私には、美術やデザインが好きだという明確な意識はなかった。だが幼い頃は粘土や段ボール工作など、自分の手でなにかを生み出しつくることに夢中だったことは、よく覚えている。粘土でつくるのは決まって「お店」で、この年頃の男の子が好むロボットにはあまり興味がなかった。段ボール工作ではお店に窓や扉を加えて、小さいながらも空間のようなものをつくっていた。つくったらおしまいではなく、そこにストーリーを考えることも好きだった。子どものままごと遊びの類いかもしれないが、こうした幼少時の体験が、いま仕事にしている空間デザインの発想力につながっているように感じる。

ほかにも新聞の折り込みに入っている宝石の広告を集めたり、キレイなものが好きだった。美的なものに惹かれる子どもだった。いま振り返ると、そこには母の影響がある。

母は新しいものが好きで、たとえば近所に新しくレストランがオープンすると、率先して連れて行ってくれた。家でもサイフォンでコーヒーを淹れるなど、どこかこだわりのある人だった。自分がいいと思ったり、興味のある物事に忠実で、そんな母の姿を見ていたからか、私自身もごく自然に自分の興味を突き詰めるようになっていたのだろうと思う。そんな母に倣ってというわけではないが、木更津に新しい店がオープンすれば、部活の友人を誘ってわざわざ訪ねたりした。

小学校3、4年生の頃、母にお願いして原宿の歩行者天国に連れて行ってもらったことがあった。当時大流行していた「ニコちゃんバッチ」が欲しくて頼んだと記憶している。原宿につくと、お目当てのバッチよりも、歩行者天国にすっかり心を奪われた。80年代の竹下通りの歩行者天国は、竹の子族やロックンローラー族、それにバンドブームにつながっていく路上ライブであふれていた。地元とはまったく違い、見たこともないほど大勢の人が行き交う場は、すごく生き生きとした空間を生み出していた

たんに大勢の人がいるだけだったのなら、そこまで心を奪われることはなかっただろう。だが、あの日あのときに見た光景は違っていた。竹下通りという「場」とそこに集まった「人」たちによって、たしかな「にぎわい」が生まれていた。にぎわいは、人が

いるだけでは生まれない。音やにおい、空気の流れなど魅力的な場所があって、そこに人が集まり、その人たちが交流することを通して、その場所がさらに魅力的になる。そのサイクルが、またにぎわいにつながっていく。もちろん、小学生の自分にそんなことは理解できているわけはないのだが、竹下通りの歩行者天国は、まさにそういう空間だった。いつまでも、このにぎわいの風景をずっと見ていたい、そんなことを考えていた。

空間デザイナーとなった今は、あの風景にあった「にぎわい」を目指すことが日々の仕事になった。「場」に訪れる「人」の流れをどのように生み出すのかを、ずっと考えている。そのために一緒につくる人々と対話を重ねて、モノと向き合うことしか、自分にはできないが、それがこの仕事の一番の醍醐味だと思っている。

本書の制作に際して、多くの関係者の方々にご協力いただきました。この場をお借りしてあらためて御礼申し上げます。

対談をしていただいた島崎信先生とは、卒業以来約20年ぶりにお会いすることができた。社会での経験を積んだことでようやく先生のデザイン哲学を理解できるところまでは近寄れた気がした。武蔵野美術大学名誉教授として、現在も多くの講演会やプロジェクトなどに関わられ、ご多忙のなか時間をいただけたことに深く感謝します。お聞きした今後行うべき3つの指針「業務・研究・社会活動」を実践していく所存です。

同じく対談をしていただいた、丹青社の先輩、上垣内泰輔さんにも御礼申し上げます。退社後12年経って、業界のトップランナーの視野の広さ、深さを知ることができたように感じました。上垣内さんのように、空間デザインの先々を見据えていけるように精進します。

編集者の吉田知哉さん、ブックデザイナーの長田年伸さんとは、ここ数年たくさんの対話を重ねることとなった。デザイン分野に明るいお二方だが、専門は違ったため、相互に理解の歩調を合わせながら、真剣に語り合った。自分の思考が編集されて、デザインに対する考えや業界に対する問題意識をより深いところで言語化できるようになったことは、間違いなくお二人のおかげだ。

デザインは人をつなぐ仕事だということを実感した日々で、知的な刺激に満ちた経験は、本の制作を終えたくない気持ちも出てきてしまうほどだった（結局、空間デザインの仕事に吉田さんを引き込んでしまうこととなったが）。学びと気づきの時間をありがとうございました。

創業時から現在まで自分を支えてくれた、歴代の事務所のスタッフの皆さんにも厚く御礼を申し上げたい。皆さんとの共同作業によって成し遂げたプロジェクトを本書に掲載することになり、とても感慨深い気持ちになりました。ともに向き合い、つくりあげたモノの記憶は、かけがえのないのない人生の財産です。本書の読者が、皆さんの後輩となり、空間デザインの醍醐味を知ってもらえることを願ってやみません。

2020年2月

吉里謙一

付録

空間につながる線

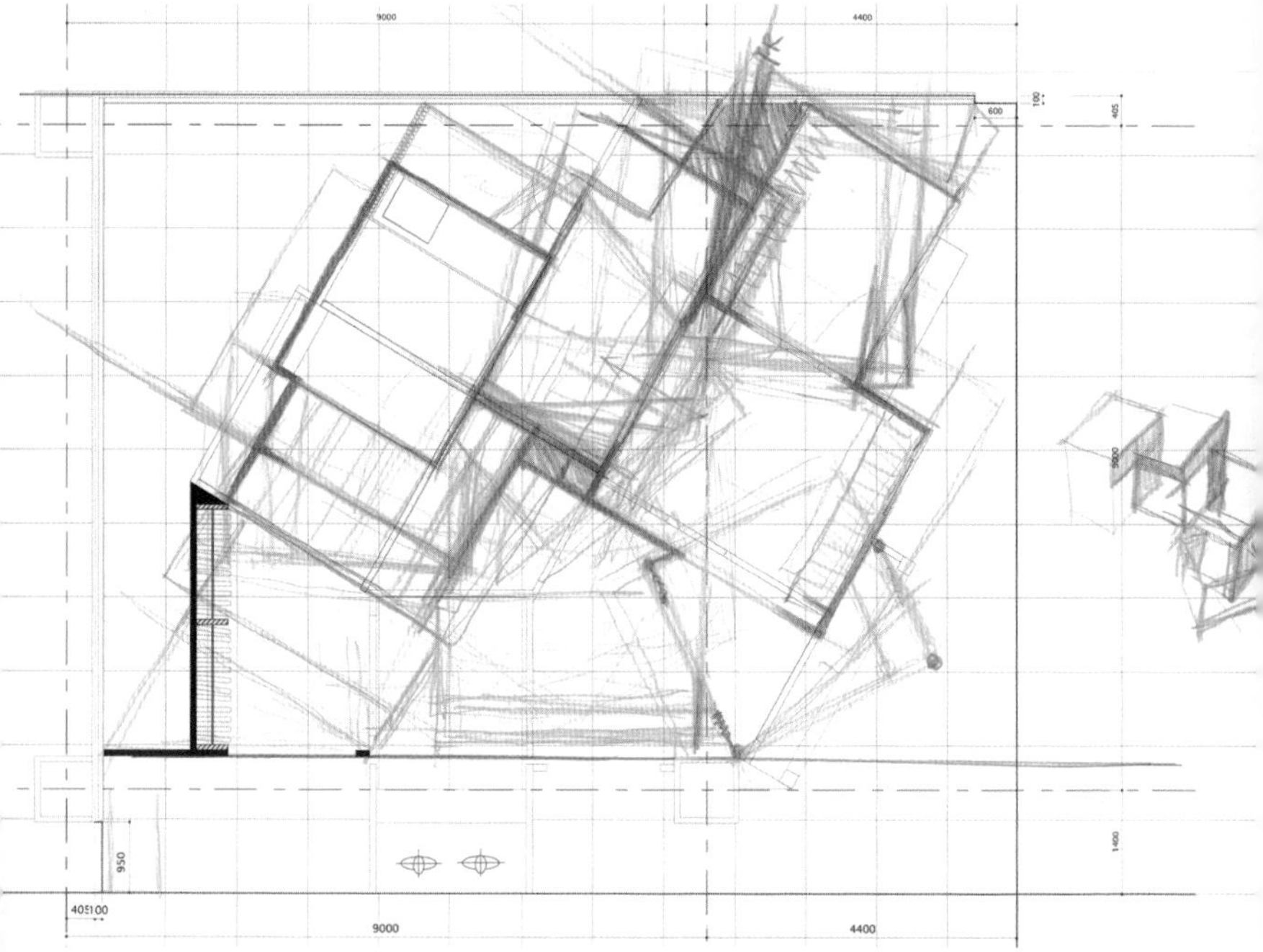
9000
4400
600
100
405
9000
1400
950
405100
9000
4400

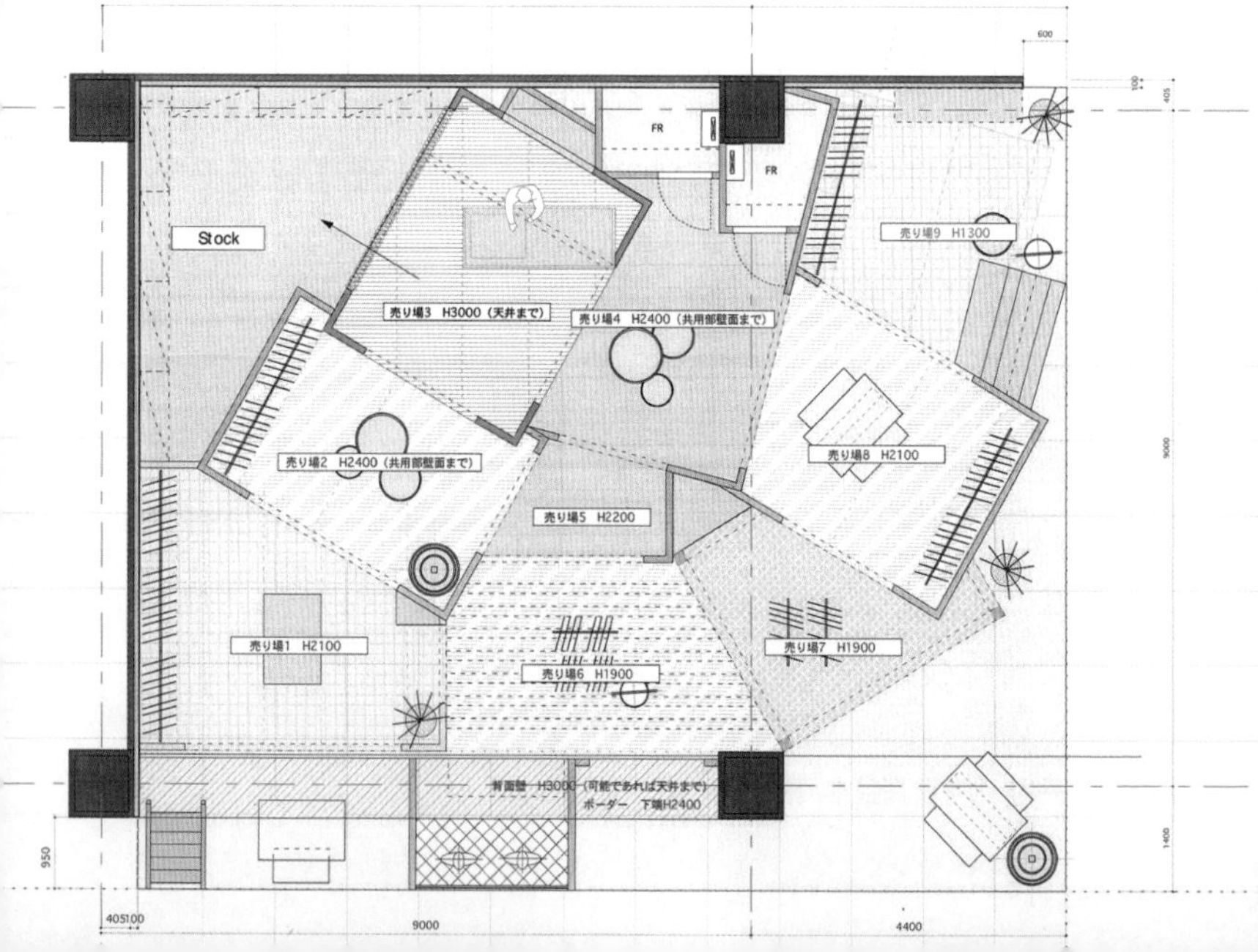
600
100
405
FR
FR
Stock
売り場9 H1300
売り場3 H3000（天井まで）
売り場4 H2400（共用部壁面まで）
売り場2 H2400（共用部壁面まで）
売り場8 H2100
売り場5 H2200
売り場1 H2100
売り場7 H1900
売り場6 H1900
9000
背面壁 H3000（可能であれば天井まで）
ボーダー 下端H2400
1400
950
405100
9000
4400

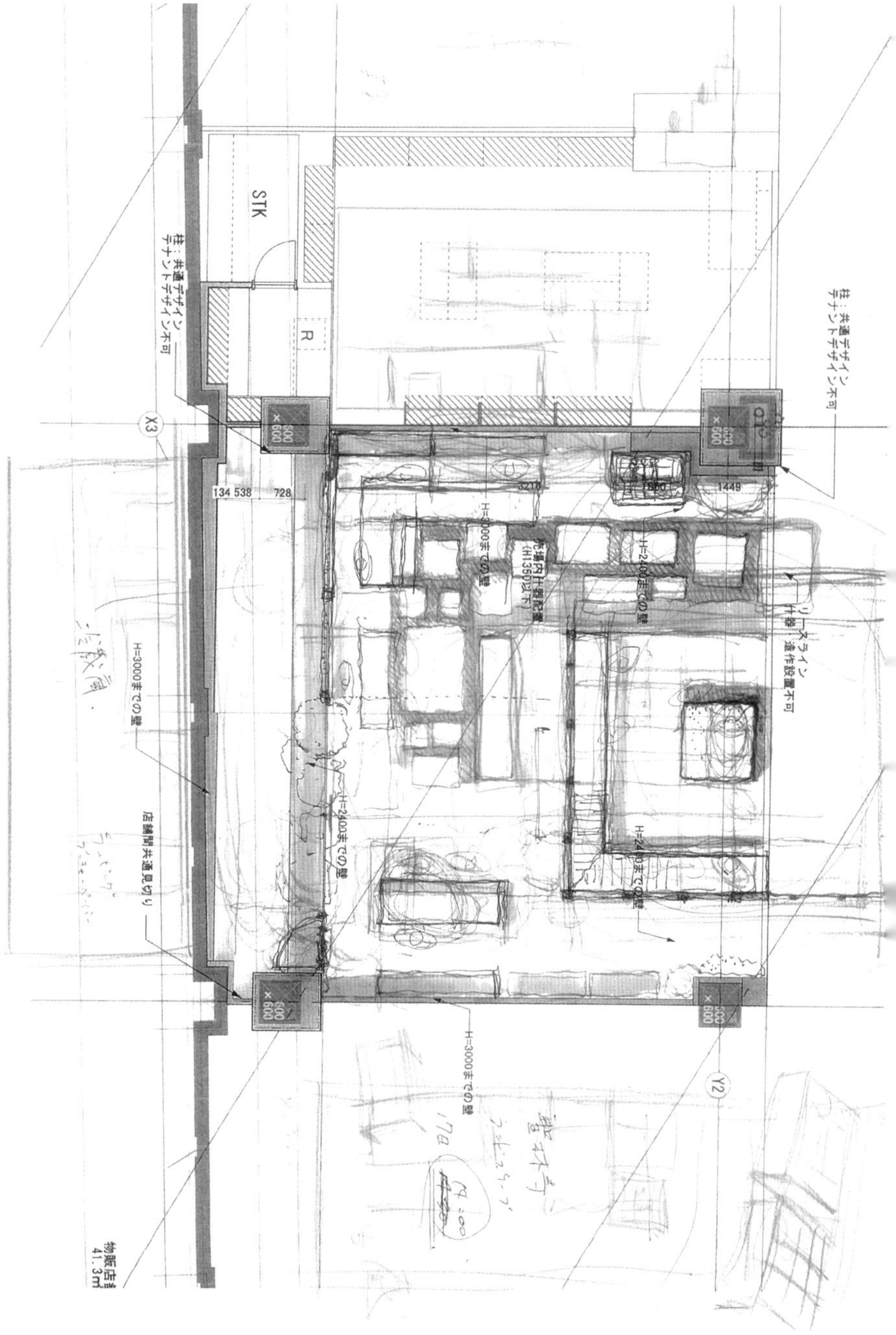
STK
R
柱：共通デザイン
テナントデザイン不可
X3
Y2
600×600
134 538
728
3210
1800
1449
H=3000までの壁
売場内什器配置壁
(H1350以下)
H=2400までの壁
リースライン
什器・造作設置不可
店舗間共通見切り
物販店舗
41.3㎡

質疑 -1　：　建具　詳細図

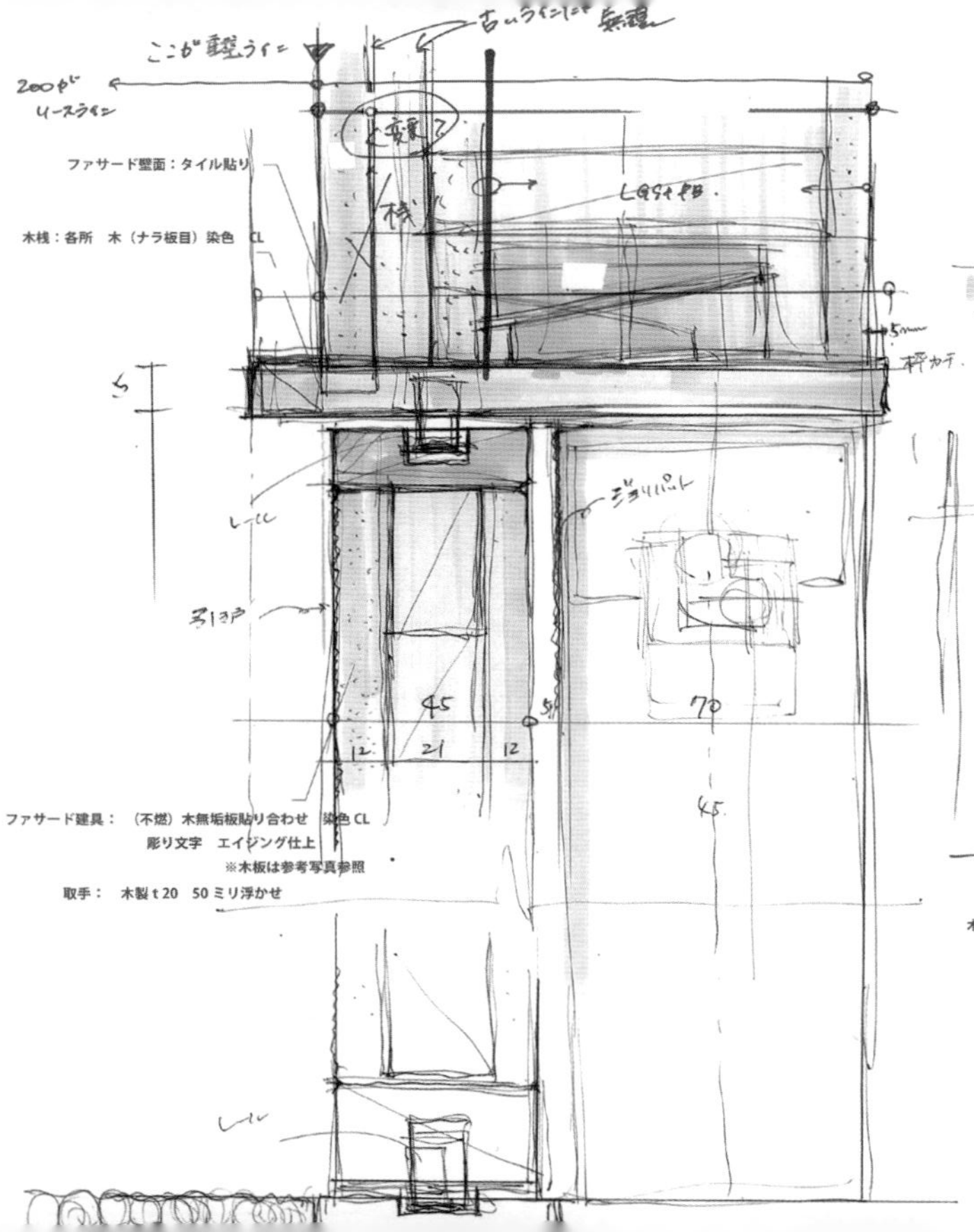
ファサード壁面：タイル貼り
木桟：各所　木（ナラ板目）染色　CL
ファサード建具：（不燃）木無垢板貼り合わせ　染色 CL
彫り文字　エイジング仕上
※木板は参考写真参照
取手：　木製 t 20　50 ミリ浮かせ

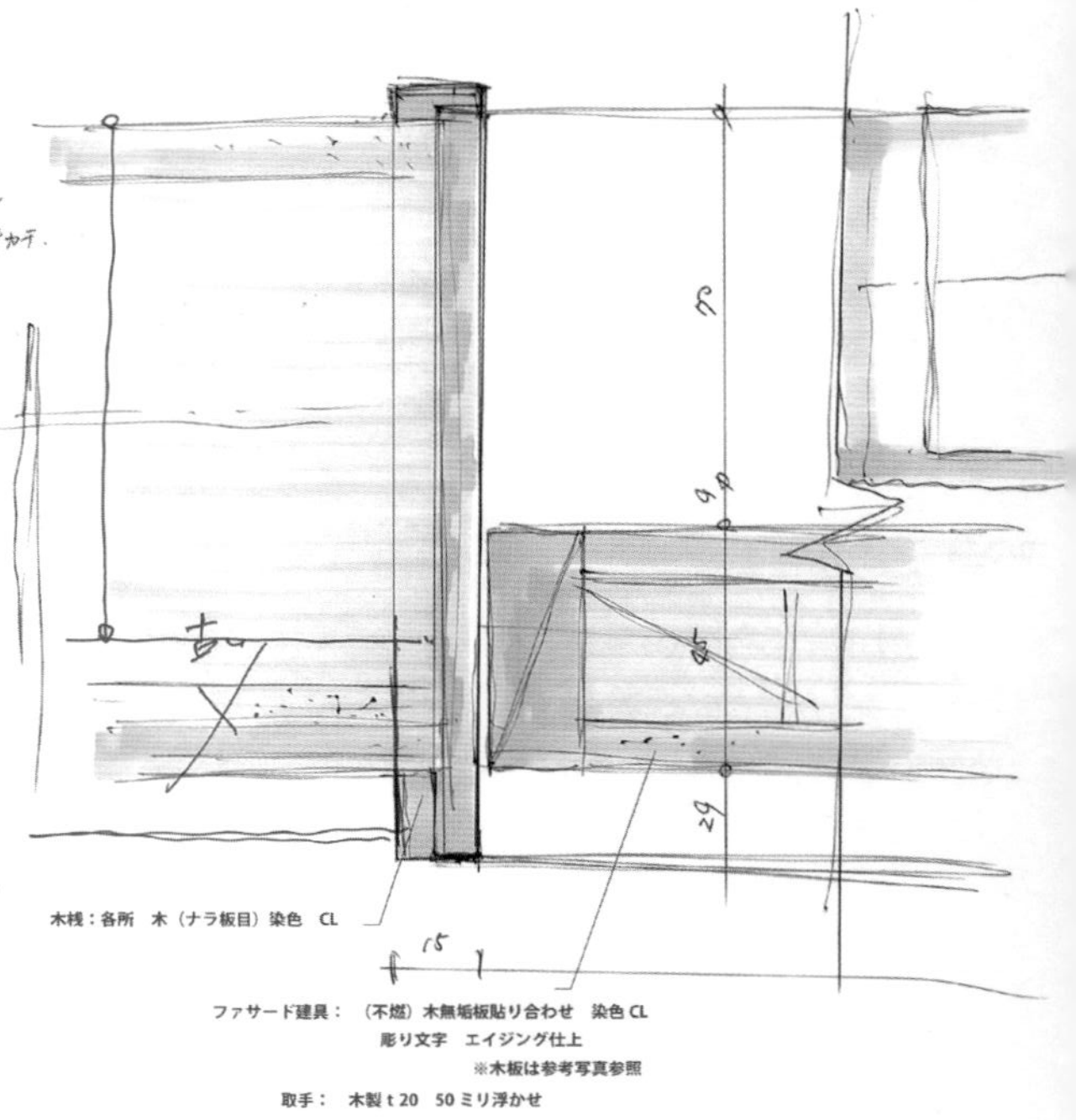
木桟：各所　木（ナラ板目）染色　CL
ファサード建具：（不燃）木無垢板貼り合わせ　染色 CL
彫り文字　エイジング仕上
※木板は参考写真参照
取手：　木製 t 20　50 ミリ浮かせ

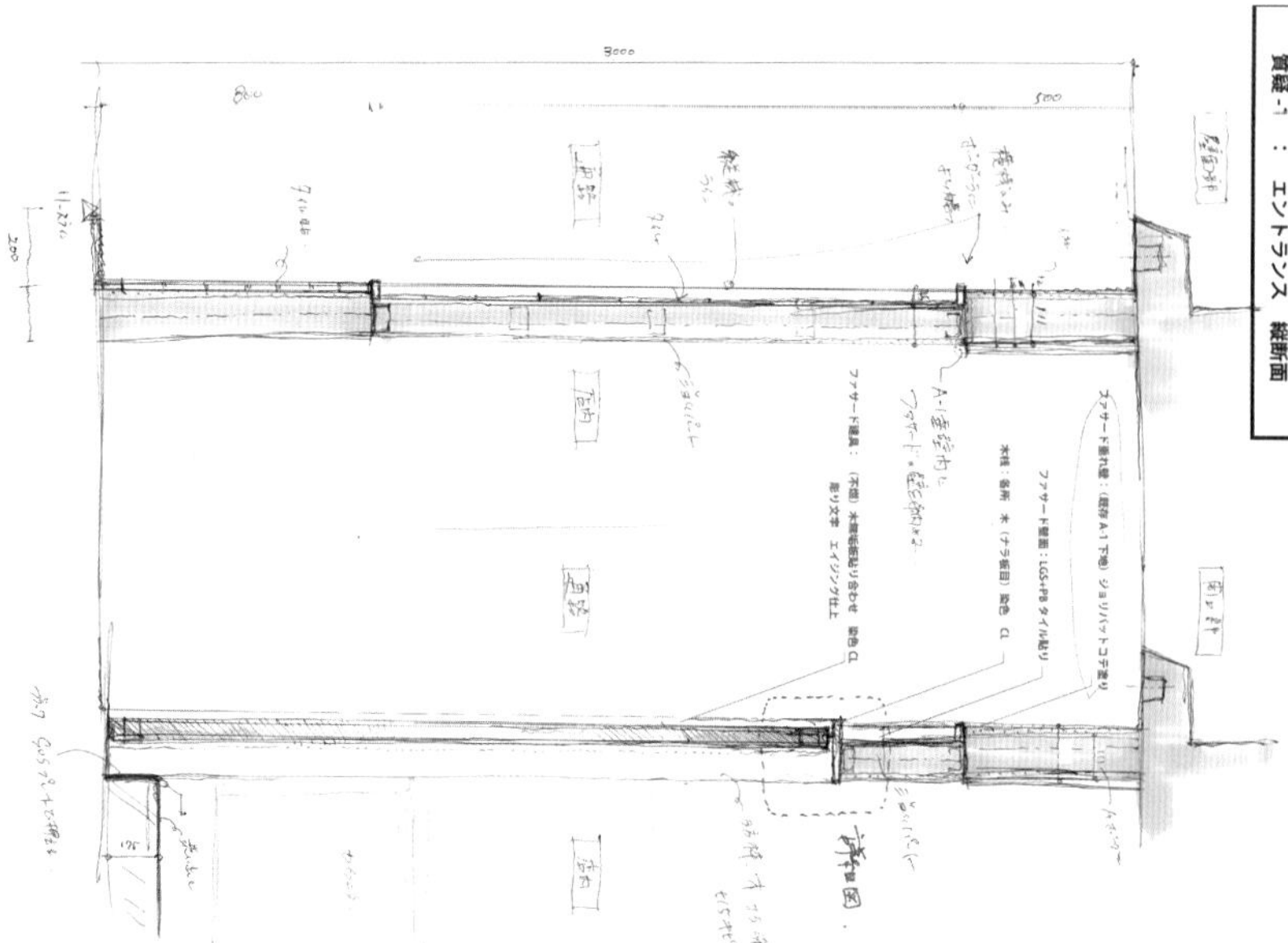
質疑-1 ： エントランス 縦断面
ファサード垂れ壁：（既存A1下地）ジョリパットコテ塗り
ファサード壁面：LGS+PB タイル貼り
木枠：各所 木（ナラ柾目）染色 CL
ファサード建具：（木部）木製板貼り合わせ 染色 CL
彫り文字 エイジング仕上

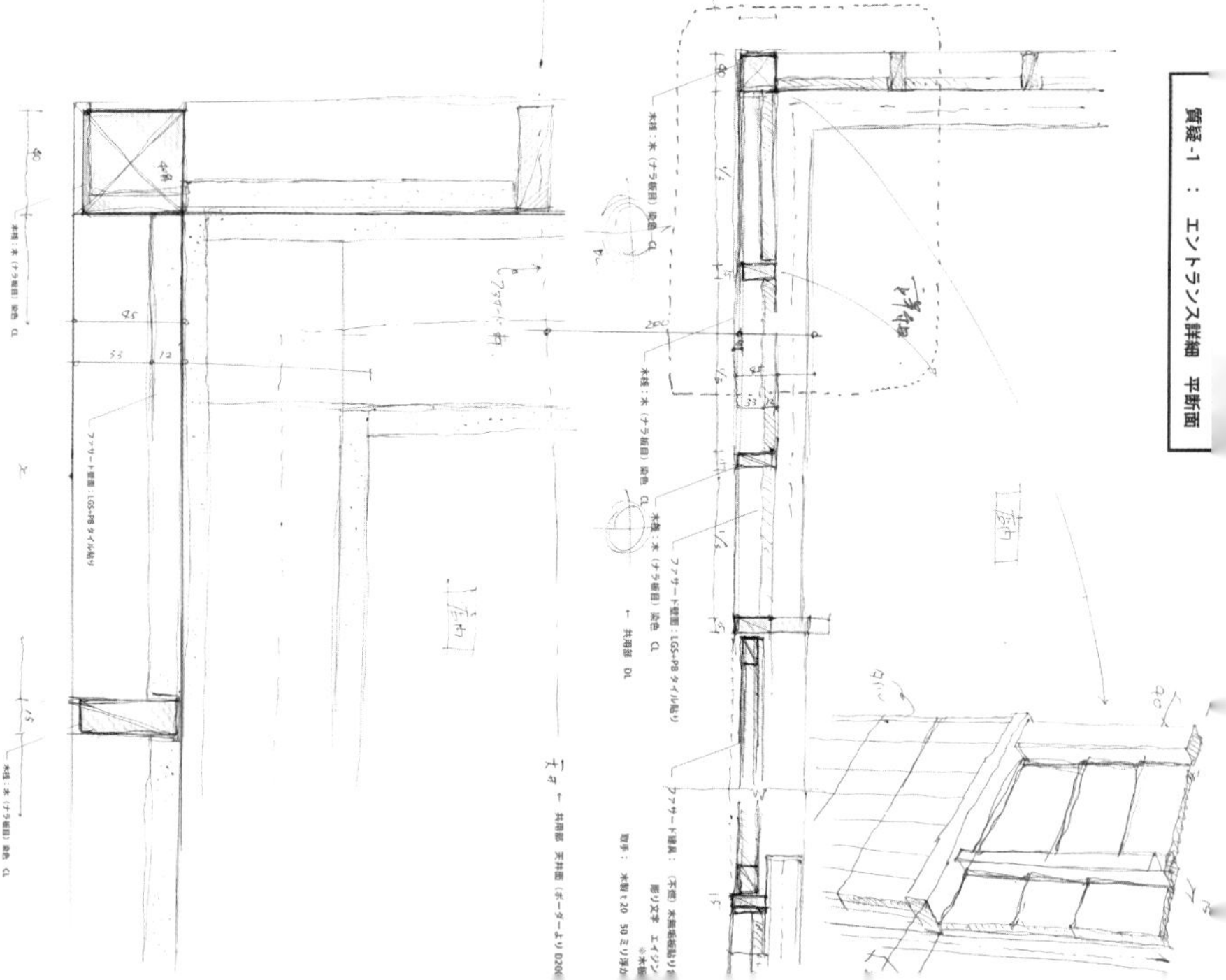
質疑-1 ： エントランス詳細 平断面
木枠：木（ナラ柾目）染色 CL
ファサード壁面：LGS+PB タイル貼り
← 共用部 DL

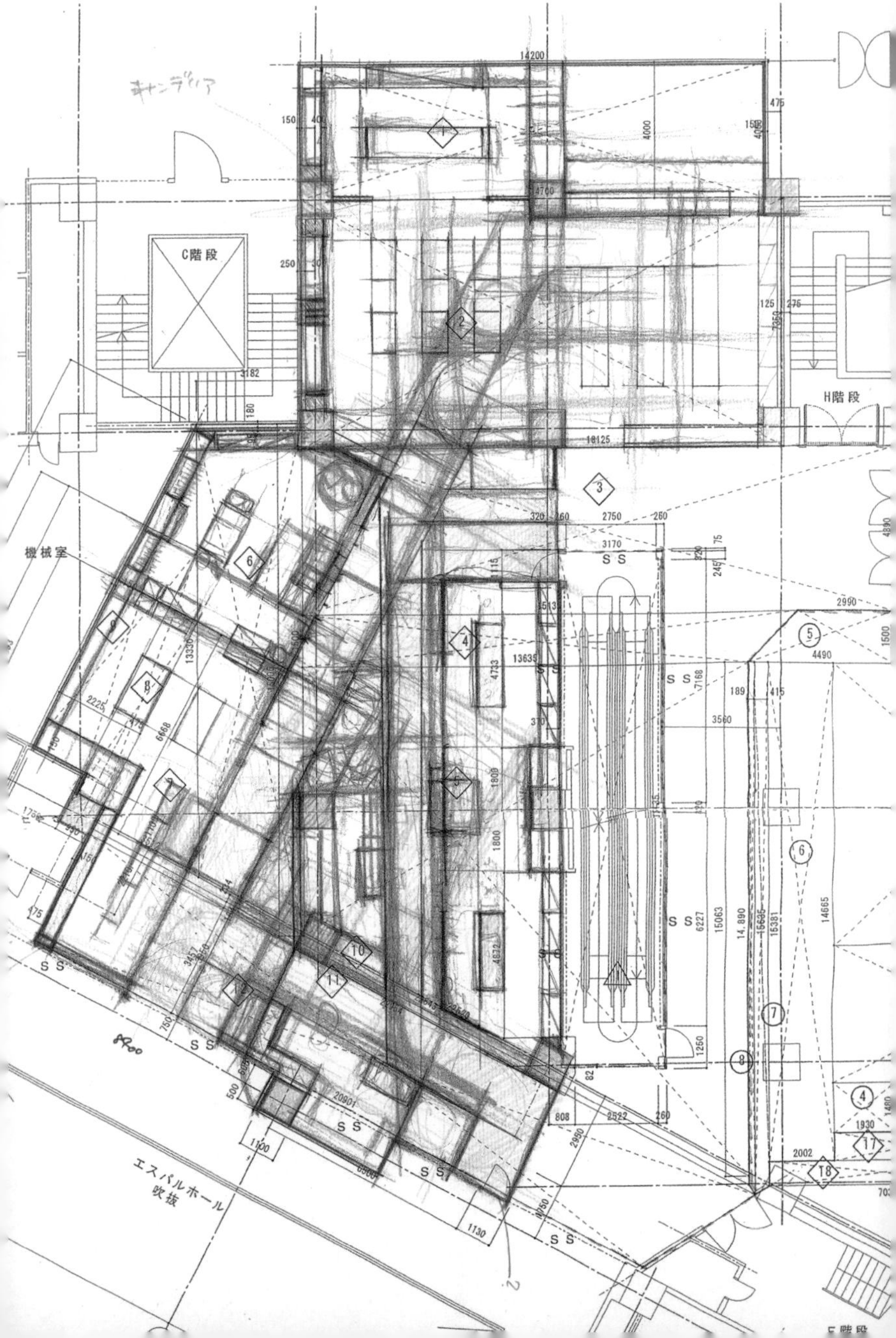
キャンデリア
C階段
H階段
機械室
エスパルホール
吹抜
14200
18125
13635
20901
15063
14665

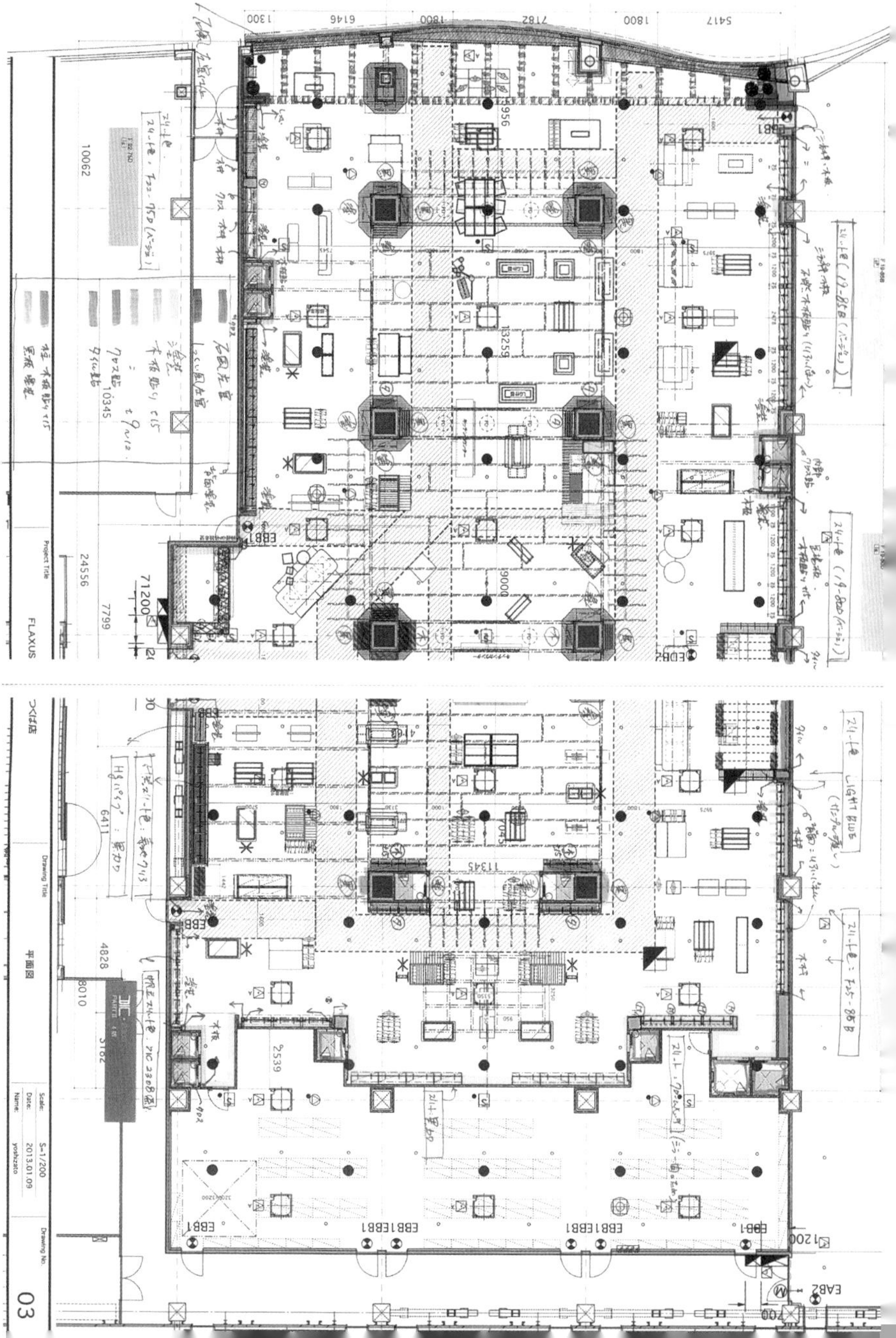
Project Title
FLAXUS
つくば店
Drawing Title
平面図
Scale: S=1/200
Date: 2013.01.09
Name: yoshizato
Drawing No.
03

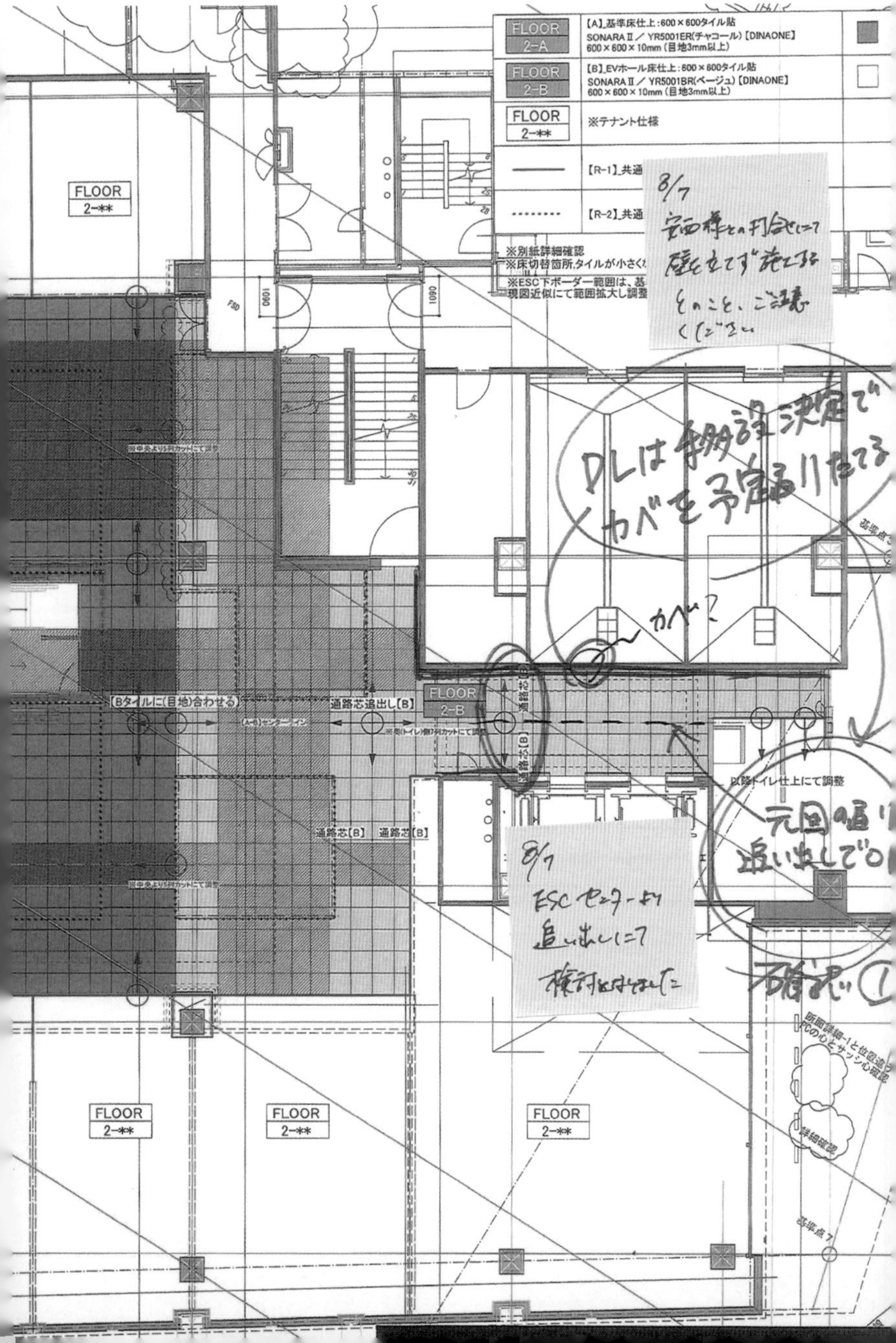

FLOOR 2-A
【A】_基準床仕上:600×600タイル貼
SONARAⅡ／YR5001ER(チャコール)【DINAONE】
600×600×10mm(目地3mm以上)
FLOOR 2-B
【B】_EVホール床仕上:600×600タイル貼
SONARAⅡ／YR5001BR(ベージュ)【DINAONE】
600×600×10mm(目地3mm以上)
FLOOR 2-**
※テナント仕様
【R-1】_共通
【R-2】_共通
※別紙詳細確認
※床切替箇所,タイルが小さく
※ESC下ボーダー範囲は、基
現図近似にて範囲拡大し調整
FLOOR 2-**
【Bタイルに(目地)合わせる】
通路芯追出し【B】
FLOOR 2-B
通路芯【B】
通路芯【B】
以降トイレ仕上にて調整
通路芯【B】　通路芯【B】
FLOOR 2-**
FLOOR 2-**
FLOOR 2-**
詳細確認
基準点7

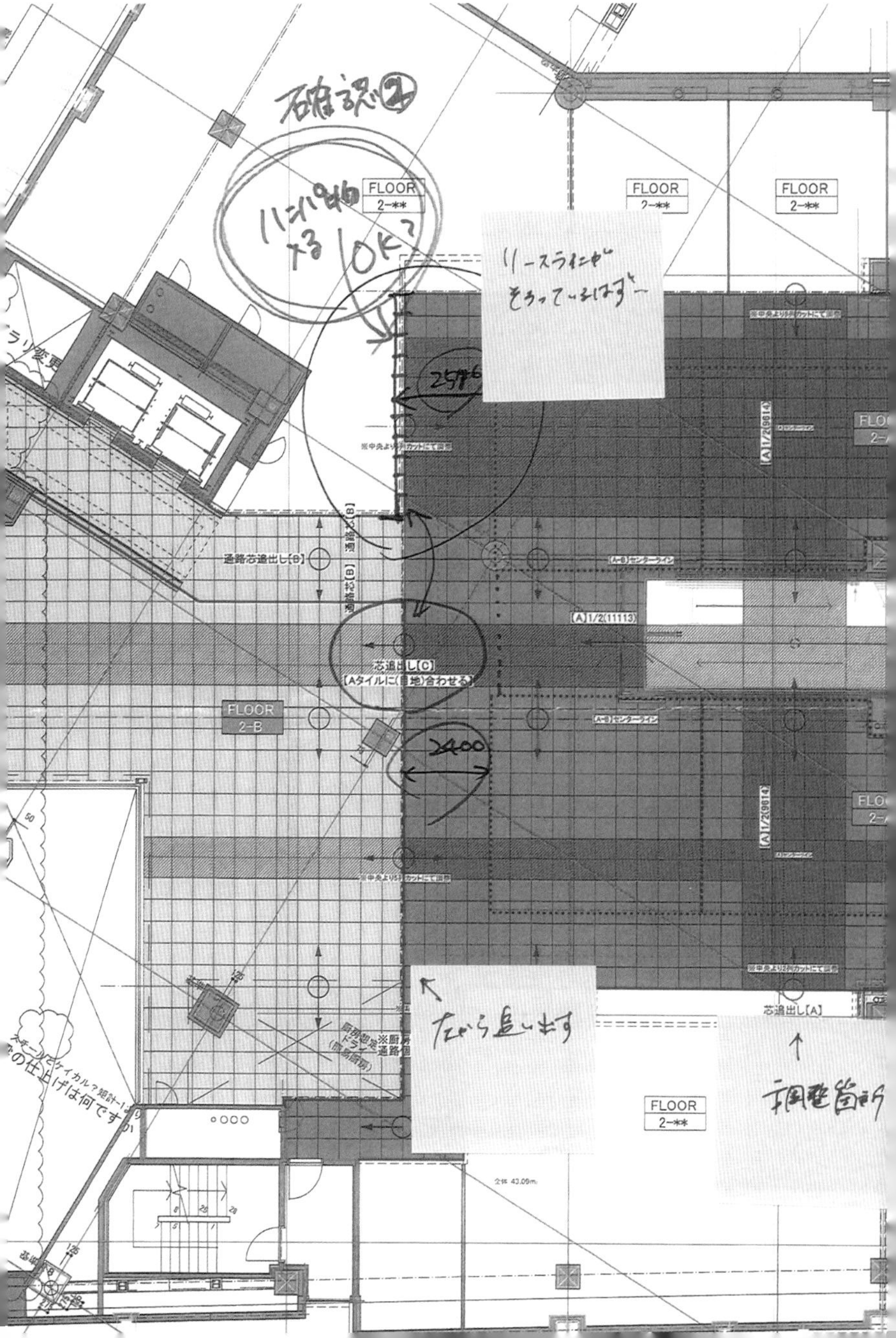
確認②
FLOOR 2-**
FLOOR 2-**
FLOOR 2-**
リースラインがそろっているはず
通路芯追出し【B】
通路芯【B】
(A)1/2(11113)
(A)1/2(9814)
芯追出し【C】
【Aタイルに(目地)合わせる】
FLOOR 2-B
2400
芯追出し【A】
調整箇所
FLOOR 2-**

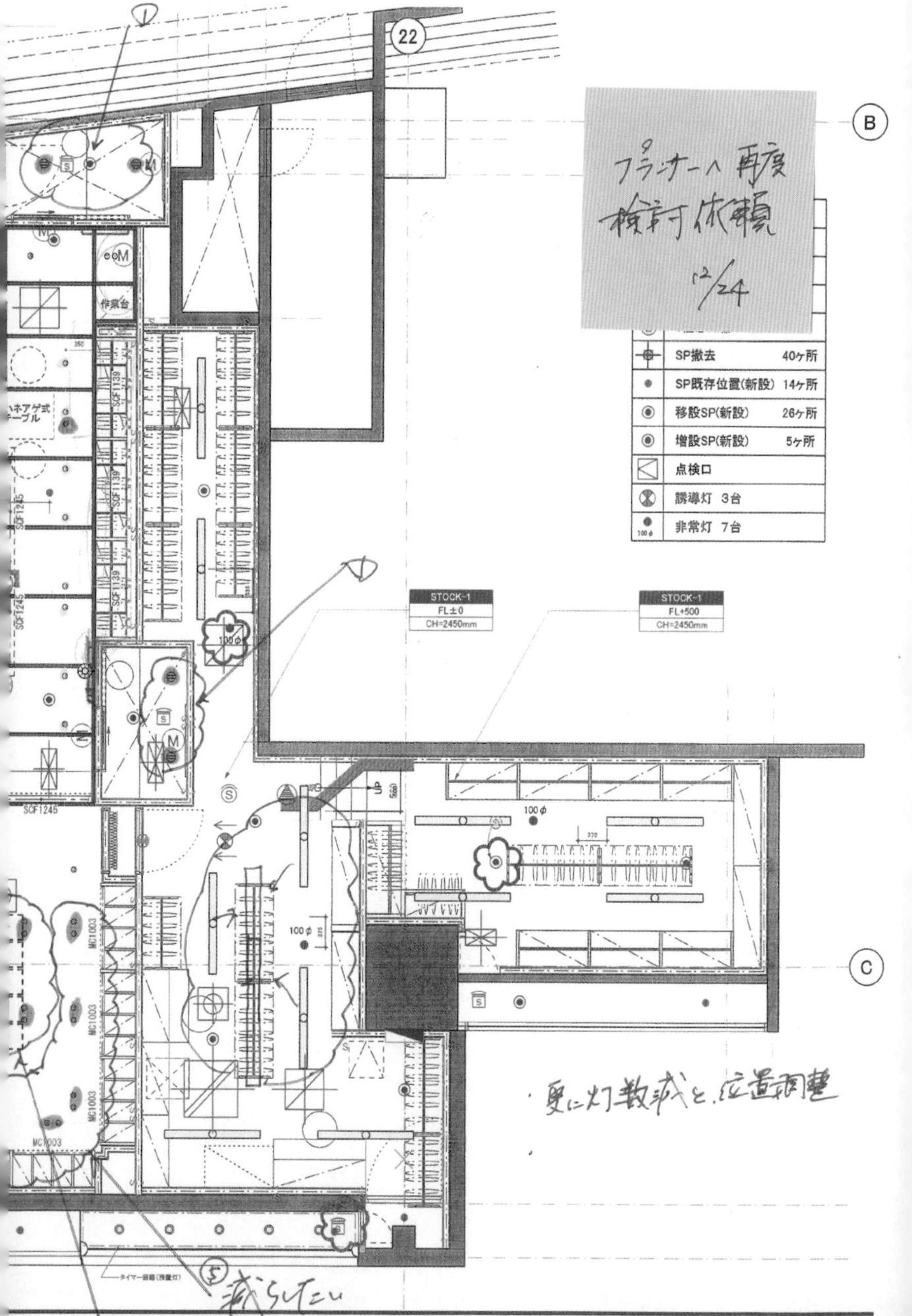

田店	Drawing Title 天伏図	Scale: S=1/60 Date: 2016. 12. 13	Drawing No. 04–A

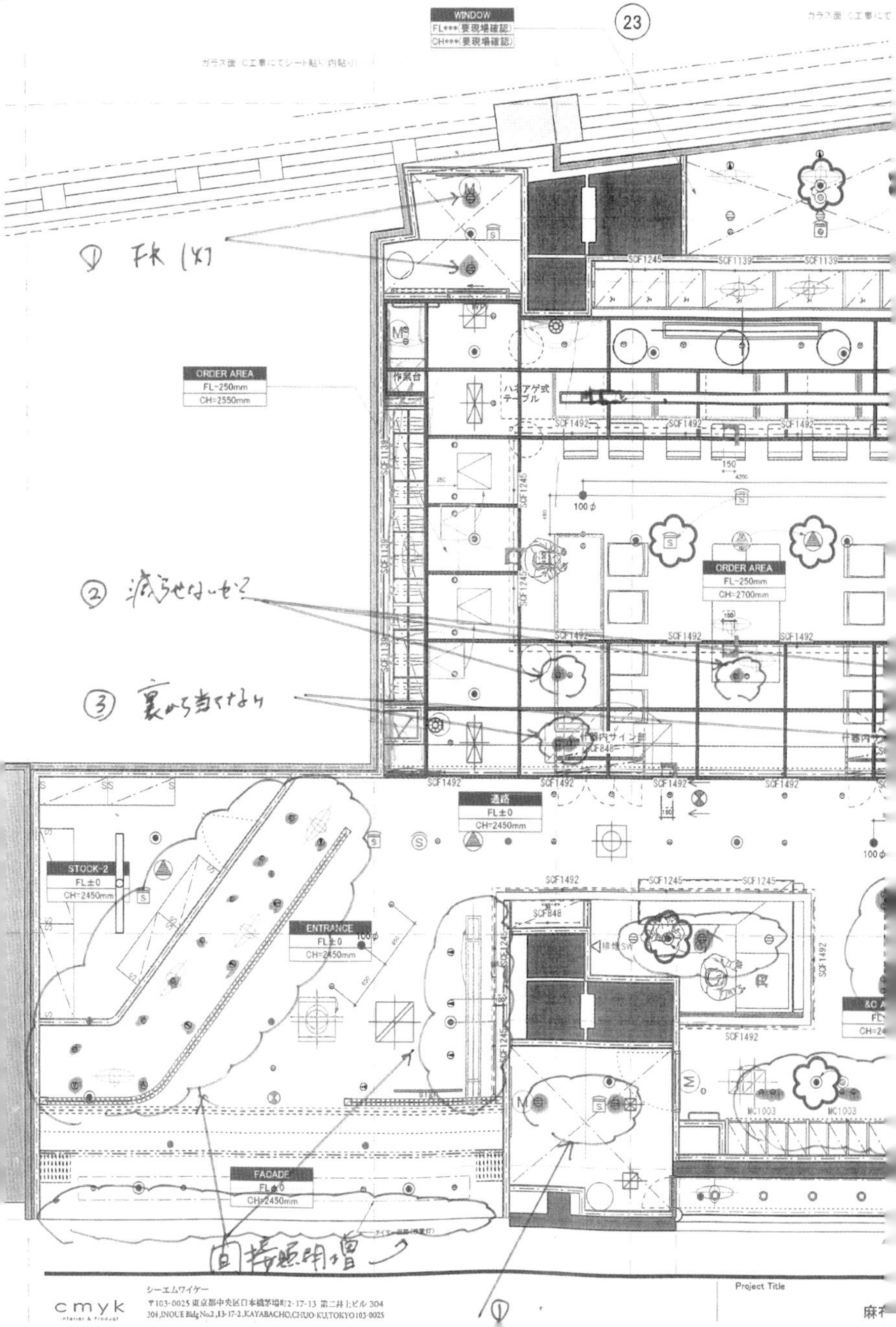
WINDOW
FL***(要現場確認)
CH***(要現場確認)
23
ガラス面 C工事にてシート貼り(内貼り)
ORDER AREA
FL-250mm
CH=2550mm
作業台
ハネアゲ式テーブル
SCF1245
SCF1139
SCF1492
150
100φ
ORDER AREA
FL-250mm
CH=2700mm
店内サイン部
SCF848
通路
FL±0
CH=2450mm
STOCK-2
FL±0
CH=2450mm
ENTRANCE
FL±0
CH=2450mm
FACADE
FL±0
CH=2450mm
MC1003
間接照明増
シーエムワイケー
〒103-0025 東京都中央区日本橋茅場町2-17-13 第二井上ビル 304
304,INOUE Bldg No.2 ,13-17-2,KAYABACHO,CHUO-KU,TOKYO 103-0025
cmyk
Project Title

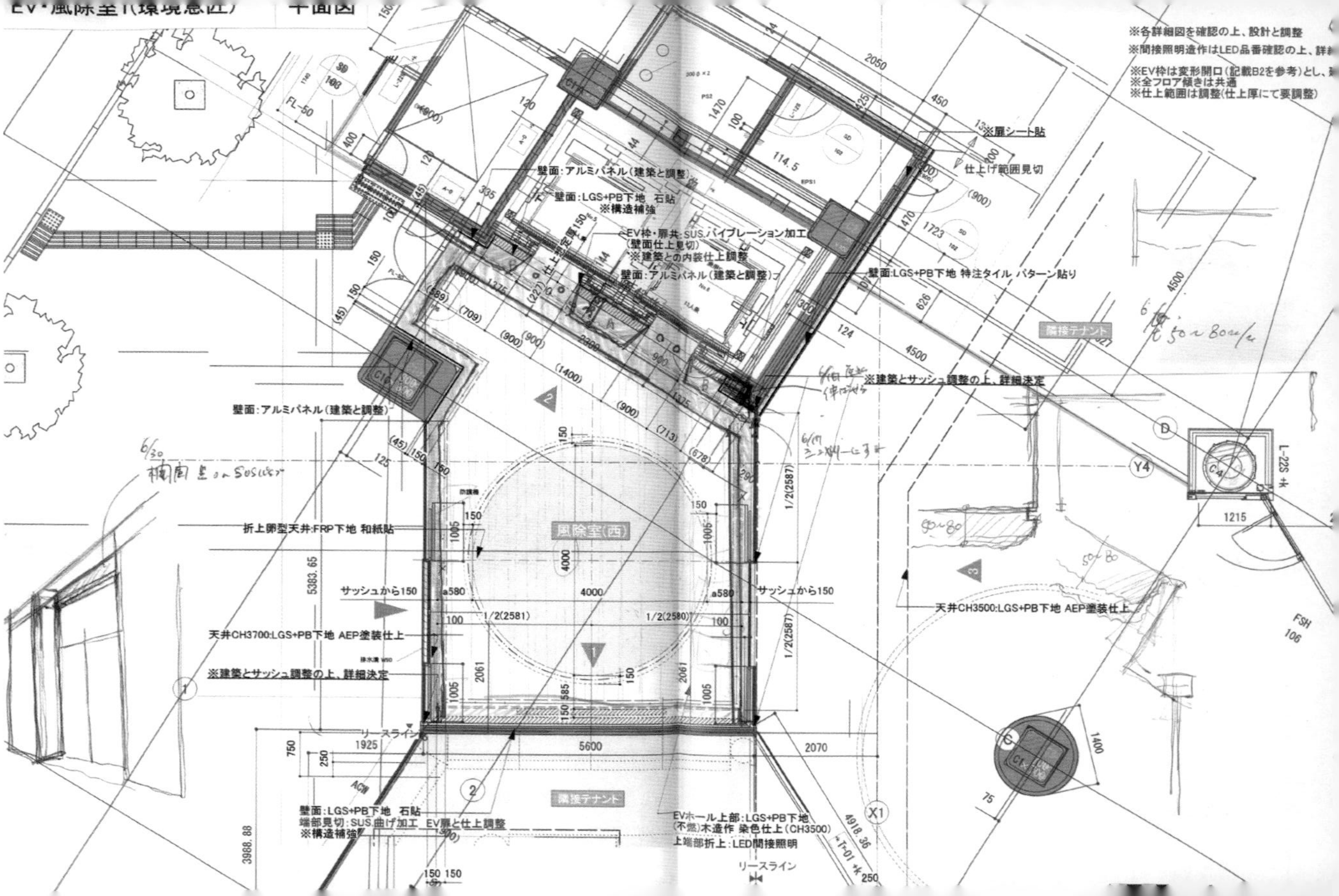
EV・風除室1(環境意匠) 平面図
※各詳細図を確認の上、設計と調整
※間接照明造作はLED品番確認の上、詳
※EV枠は変形開口(記載B2を参考)とし、
※全フロア傾きは共通
※仕上範囲は調整(仕上厚にて要調整)
壁面:アルミパネル(建築と調整)
壁面:LGS+PB下地 石貼
※構造補強
EV枠・扉共:SUS バイブレーション加工
(壁面仕上見切)
※建築との内装仕上調整
壁面:アルミパネル(建築と調整)
壁面:LGS+PB下地 特注タイル パターン貼り
※扉シート貼
仕上げ範囲見切
※建築とサッシュ調整の上、詳細決定
折上卵型天井:FRP下地 和紙貼
風除室(西)
サッシュから150
サッシュから150
天井CH3700:LGS+PB下地 AEP塗装仕上
※建築とサッシュ調整の上、詳細決定
天井CH3500:LGS+PB下地 AEP塗装仕上
隣接テナント
隣接テナント
壁面:LGS+PB下地 石貼
端部見切:SUS 曲げ加工 EV扉と仕上調整
※構造補強
EVホール上部:LGS+PB下地
(不燃)木造作 染色仕上(CH3500)
上端部折上:LED間接照明
リースライン
リースライン
5600
4000
5383.65
3988.88
2070
1215
1400
4500
4500
2050

1　アパレルショップの平面検討資料。白図（最初に建築側からもらう図面）から、商品量を意識し空間のボリュームを検討した。少しずつ線を重ねながら濃くなっていくラインが壁として有効な箇所となる。下の図面はその線をたどりCAD化したもの

2　コスメショップの打ちあわせ図面。クライアントが共通のイメージをもてるよう、床の仕上げや展開図を書き込んでいる様子。図面だけでも言葉だけでもないやり取りを重ねてイメージを共有していく

3　飲食店の建具断面図。A3のコピー紙を用い、施工会社と1／1の原寸サイズで建具の収まりを確認し、打ちあわせしながら描きき進めた図面。現場はおおむねこの図面に基づいて施工を進めていくことができる

4　アパレルショップのファサードの縦断面とサッシュ図。図面が間に合わないときには断面図をもとに施工会社と打ちあわせる場合もある。A3のコピー用紙にフリーハンドで描くことで、つぎの作業へつなげる

5　アパレルショップの平面検討資料。白図から人の導線を意識して区画割りを検討した資料。魅力ある売り場つくりは、壁から什器までの距離とその什器から通路までの距離が重要になる

6　アパレルショップの売り場の全体平面図。着工前に仕上げ範囲をマーカーで色づけし、施工会社と確認している。仕上げ範囲は展開図や仕上表にも記載しているが、再度確認することで間違いが起きないようにすることも重要

7　商業施設のフロア床伏図。現場での実測を終え、その寸法をもとにタイル割りをしているところ。仕上げの割りつけにはかならず現場での実寸がともなうため、施工会社との協議は不可欠

8　照明プランナーによるアパレルショップの配灯図。金額調整のため照明器具の数量を減らす必要があり、その調整箇所を記載している。積算から着工までの期間が短いため、実施図に修正を入れたまま着工する場合もある

9　商業施設1階エントランスの風除室の平面図。内装（C工事）の石の仕上げの厚みが当初の予想を超えているため、建築図に記載。モノとモノとの接点がきれいに収まることにより、空間は美しく見える

本書帯文に記した「図面には、デザインはない」という言葉の真意は、「図面はデザインのプロセスでしかない」ということ。実務においても設計や製図の知識・技術は、高いレベルで必要になるが、その修得や成果物だけを目的化してはいけない。空間デザインを具現化する線を見つけるためのものだと思う。「空間とつながる線」では、修正を重ねていく実際の図面の使われ方を、空間デザイナーの仕事の痕跡として残したかった。

吉里謙一　Kenichi Yoshizato

空間デザイナー。１９７４年、千葉県生まれ。武蔵野美術大学造形学部卒業。工芸工業デザイン学科でインテリアデザインを専攻、島崎信教授（現名誉教授）のもとで家具デザインを修学。１９９９年、株式会社丹青社に入社。２００７年に独立し、株式会社cmykを設立。現在に至るまで、ショップ、カフェ、ホテル、レストラン、複合施設、展示会場など、あらゆるタイプの商業施設を手がけている。

DDA賞（日本ディスプレイデザイン協会）、DSA賞／日本空間デザイン賞（日本空間デザイン協会）、JCSC賞（日本ショッピングセンター協会）、JCD賞（日本商環境デザイン協会）、SDA賞（日本サインデザイン協会）、APIDA（Asia Pacific Interior Design Awards）、WIN Awards（World Interiors News Awards）、Golden Pin Design Award（Taiwan Design Center）など受賞歴多数。

主な受賞歴：

２００８年　ディスプレイデザイン賞２００８入選「原宿Office」（cl. 株式会社タケヤ）、「Take5　昭島店」（cl. 株式会社タケヤ）、「URBANCONTROL Booth」（cl. URBANCONTROL　Co,ltd）

２００９年　ディスプレイデザイン賞２００９入選「神戸旧居留置　美侑」（cl. 株式会社寿香寿庵）

２０１１年　日本ショッピングセンター協会ＳＣビジネスフェア　ブース賞　テナントゾーン金賞「AUX PARADISE」（cl. 株式会社エストインターナショナル）
JCDデザインアワード２０１１入選　Best100「Cafe ASAN」（cl. 株式会TOKYO ANIMAIDPLAZA）、「日本百貨店」（cl. 株式会社ジェイアール東日本都市開発）

２０１２年　JCSC.ブース賞　テナントゾーン金賞「AUX PARADISE」（cl. 株式会社エストインターナショナル）
日本空間デザイン賞２０１２「Azabu Tailor square　二子玉川店」（cl. メルボメンズウェア-株式会社）

２０１５年　日本ショッピングセンター協会ＳＣビジネスフェア　ブース賞　テナントゾーン銀賞「AUX PARADISE」（cl. 株式会社エストインターナショナル）

２０１６年　JCDデザインアワード２０１６入選　Best100「ROKU」（cl. 株式会社まるごとにっぽん）
日本空間デザイン賞２０１６入選「ハンズcafe　中央林間店」（cl. 株式会社東急ハンズ）、「Bojun」（cl. 株式会社まるごとにっぽん）「sanchito」（cl. 株式会社まるごとにっぽん）
日本空間デザイン賞２０１６ 銀賞「浅草　まるごとにっぽん」（cl. 株式会社まるごとにっぽん）
日本サインデザイン賞２０１６ 入選「まるごとにっぽん」（cl. 株式会社まるごとにっぽん）

２０１７年　日本空間デザイン賞２０１７入選「両国橋茶房」（cl. 株式会社ジェイアール東日本都市開発）
DSA入選「おなかスクエア」（cl. 株式会社東京楽天地）
日本空間デザイン賞２０１７入選「&C麻布テーラー　梅田店」（cl. メルボメンズウェア株式会社）
JCDデザインアワード２０１７入選　Best100「眠りギャラリー TOKYO」（cl. パラマウントベッド株式会社）

２０１８年　日本空間デザイン賞２０１８入選 Best50「眠りギャラリー TOKYO」（cl. パラマウントベッド株式会社）、「Salon de KANBAYASHI &　箸や万作」（cl. バリューマネジメント・株式会社和心）
香港　APIDA/アジア パシフィック インテリア デザインアワード２０１８ 入選「眠りギャラリー TOKYO」

２０１９年　日本空間デザイン賞２０１９入選　「ASTY新富士」（cl. ジェイアール東海静岡開発株式会社）、「富士市観光案内所」（cl. ジェイアール東海静岡開発株式会社）
英国　ワールドインテリア　ニュースアワード FINALIST「ASTY SINFUJI」（cl. ジェイアール東海静岡開発株式会社）
台湾　Golden Pin Design Award入選「眠りギャラリー TOKYO」（cl. パラマウントベッド株式会社）

竣工写真　株式会社ナカサ&パートナーズ

協力　株式会社cmyk
加藤裕子
井上勝也
山下祐美
津木茜

にぎわいのデザイン　空間デザイナーの仕事と醍醐味

２０２０年２月10日　初版第１刷発行
２０２４年７月10日　初版第２刷発行

著者　吉里謙一
編集　吉田知哉
発行人　上原哲郎
発行所　株式会社コンセント
〒１５０-００２２　東京都渋谷区恵比寿南１-20-６　第21荒井ビル
電話０３-５７２５-０１１５　ファクス０３-５７２５-０１１２
https://www.concentinc.jp
印刷・製本　シナノ印刷株式会社

ISBN 978-4-909290-02-1 C3052